Mon parcours de rédacteur web

L'évolution de la rédaction web, les réalités du Freelancing et l'ubérisation progressive du travail

Préface

Mon parcours de rédacteur web est mon quatrième livre. Mon premier est un essai sur les singularités technologiques, le second livre vomit intellectuellement mes pensées et le troisième est un roman un peu bizarre, noir et un peu érotique. Et ce quatrième livre vous emmène dans le parcours du rédacteur web.

Dans une première partie, j'aborde mes débuts en tant que rédacteur web à Madagascar. Comment j'ai commencé dans une agence, aujourd'hui disparue, qui m'a formé. Ensuite, je raconte mes tentatives de me lancer comme rédacteur web indépendant.

Je raconte longuement mon parcours sur Upwork, car c'est la plateforme que j'ai le plus utilisée dans mes 11 ans de Freelance. La seconde partie va parler des blogs, des moteurs de recherche et des GAFAMs et comment les éditeurs de site et les rédacteurs web sont souvent le dindon de la farce.

Il y des parties personnelles dans le livre. Et en dernière partie, j'aborde l'état général du Freelancing et tous les mensonges qu'on peut vous raconter dessus. Ce livre peut sembler négatif pour le Freelance, mais c'est juste mon parcours que je raconte avec ce que j'ai vécu.

Je suis un auteur prolo, donc, je m'excuse par avance des fautes que vous pourrez trouver dans ce livre. Oui, car en tant que rédacteur web, on pourrait me reprocher cette espèce d'ironie quantique de faire des erreurs alors que l'écriture de texte est censé être ma spécialité.

Mais dans le monde néolibéral qui nous vante constamment le Freelancing, les cordonniers sont souvent pieds nus. Et je suis seul à écrire, à relire et à corriger mes livres. Je sais que c'est une excuse facile de merde, mais au moins, je vous aurais prévenu.

Je donne aussi des conseils pour les rédacteurs web qui veulent se lancer, mais considérez-les comme des conseils que vous donnerait un inconnu que vous rencontreriez dans un bar. La plupart de ces conseils sont la quintessence de ce qu'il faut pour réussir. Ce qui fait qu'ils sont aussi banals que possible.

J'ai écrit ce livre d'une seule traite en quelques semaines, sous l'émotion et plein d'autres choses. J'ai eu des grimaces en me remémorant certains passages et parfois des larmes pour d'autres. Je ne sais pas si le livre va vous aider, vous choquer ou simplement que vous vous en foutrez. C'est un livre, vous en faites ce que vous voulez.

Bonne lecture.

Au commencement étaient les livres

Je suis devenu rédacteur web à cause d'un Coup d'État dans mon pays. Dans de nombreux domaines, vous verrez des gens qui diront qu'ils sont là où ils sont actuellement par un pur hasard. Le hasard et la vie réservent bien des surprises pour qu'on soit encore surpris que notre parcours part dans tous les sens. J'ai vu des boulangers, devenir des Youtubeurs et des Youtubeurs devenir des Managers de McDo.

J'écris ce livre en 2020 et donc, cela fera bientôt 11 ans que je suis devenu rédacteur web. Et c'est le hasard d'une petite annonce qui m'y a amené. Et 11 ans plus tard, je me dépatouille encore avec des contrats précaires ou quasiment inexistants, un revenu qui baisse à chaque année et une sensation que le Freelancing, c'est quand même la grosse arnaque, fomentée par les multinationales et autres entités malveillantes qu'on lit dans des livres très compliqués, écrits par des messieurs qui semblent savoir ce qu'ils disent.

Moi, je vous propose de raconter, dans ce petit bouquin, le métier de rédacteur web de l'autre côté du miroir. Pas celui des agences mirobolantes, avec de belles présentations et des belles poules, souriant dans un décor enchanteur.

Mon expérience est celui d'un rédacteur web précaire, précaire par essence, car habitant dans l'un des pays pauvres du monde, autant dire que quand tu veux faire valoir tes droits, tu tombes souvent sur les abonnés absents, car dans la plupart des cas, tu n'existes même pas dans le système.

Je viens d'une famille plus que modeste. On ne va pas dire qu'on crève de faim, mais disons que s'il y a une classe moyenne, on est largement au 36e dessous. Il nous est arrivé de manger du pain blanc, mais comme la vie de pauvres, c'est toujours cyclique. En sachant que les creux de la vague tendent à devenir plus fréquents et durent plus longtemps.

Mon aventure de rédacteur web commence au début de 2009. Et si je ne vous l'ai pas encore dit, j'habite à Madagascar, pays très pauvre par nature et qui est devenu en quelques années, l'une des plus grosses plaques tournantes de la sous-traitance dans tous les domaines. Contrairement au Maghreb où la rédaction web est beaucoup plus structurée, Madagascar est surtout connu pour une sous-traitante des entreprises.

Par exemple, de nombreuses boites locales vont faire la comptabilité et la gestion d'entreprises françaises. On a également les centres d'appel et si vous imaginez une espèce de hangar avec des dizaines de postes, comme des cages à lapin, où chaque personne a les yeux fixés sur son ordinateur, alors vous avez une imagination identique à la vérité.

Mon cursus scolaire est plus proche du néant que du doctorat si vous voulez. Une scolarité chaotique à cause de problèmes personnels et familiaux, car quand tu vogues dans la précarité, les écolages et les fournitures scolaires deviennent aussi inaccessibles que du caviar pour une caissière de supermarché.

Mais il y a une chose qui m'a sauvé de l'incurie et de l'analphabétisme total et ce sont les livres que je louais à la bibliothèque. À l'époque, cela s'appelait le CCAC (Centre Culturel Albert Camus). C'est quand même un nom qui a de la classe et ensuite, ces crétins l'ont changé en Institut Français de Madagascar, un nom quelconque, perdu dans les limbes de la bureaucratie. Aujourd'hui, c'est devenu un Gloubi-boulga progressiste où on parle de danse contemporaine ou comment un artiste avec ses poupées gonflables est le summum de l'art et du chef d'œuvre.

Notons qu'en termes politiques, j'ai des tendances réactionnaires et disons que le progressisme et le cosmopolitisme, je ne peux pas le voir en peinture, surtout contemporaine. Donc, une scolarité quasiment absente, mais une passion dévorante pour les livres. L'abonnement coûtait quelques euros par an à l'époque et pour vous dire, même cette petite somme était difficile à trouver dans la maisonnée.

Mais je me suis accroché. Mon éducation a été faite par les Contes et Légendes, le Clan des Sept, le Club des Cinq et autres livres pour enfant. Comme je n'avais pas encore 13 ans, je ne pouvais pas accéder à la section des adultes. Oui, il y avait encore ce type d'interdiction à la con. On parle ici d'une époque où les moins de vingt-ans n'étaient pas encore nés.

Et je dévorais tellement de livres que les bibliothécaires ne pouvaient pas me voir… toujours en peinture. L'une d'elles était plutôt bien roulée, mais elle avait un de ces regards. Le genre méduse. Et un peu de raciste comme d'habitude. Je lisais à une telle vitesse que des livres que j'empruntais à 10 heures du matin, je les ramenais l'après-midi, car je les avalais entre midi et 14 heures dans notre véranda, baignée par le soleil.

Et on ne pouvait pas emprunter des livres, deux fois le même jour. Donc, ce que je faisais est que j'allais l'après-midi pour lire sur place. Des bandes-dessinées, des magazines et j'en passe. Un véritable ogre de la lecture, car quand tu n'es pas scolarisé, alors toutes tes « connaissances » et « amis » te le font savoir. Donc, mon complexe d'infériorité était énorme et je compensais en accumulant toutes les connaissances possibles et imaginables.

Donc un jour, alors que j'attendais impatiemment l'ouverture du CCAC à 14 heures en me demandant si j'allais lire de nouveau Astérix ou allait tenter ma chance sur le rayon pour enfants pour trouver un livre que je n'avais pas encore lu. Car oui, j'avais lu la totalité des livres de toute cette putain de bibliothèque pour enfants.

Donc, je m'engouffre comme d'habitude et cette fois, la bibliothécaire m'alpague en disant qu'elle voulait me parler. Sentant un mauvais coup venir, je me mets en position défensive. Puis elle m'a dit que puisque je traînais constamment à la bibliothèque et qu'elle en avait marre de voir ma tronche, exceptionnellement, j'étais autorisé à emprunter les livres pour adulte.

J'ai eu dû mal à le croire au début, mais quand j'ai compris que ce n'était pas une blague, je me suis précipité et j'ai passé des heures à parcourir tous les rayons. J'étais dans la caverne d'Alibaba et je savais que j'en aurais pour des années. Je ne connaissais aucun auteur, car n'oubliez pas que je venais du Clan des Sept. Quand je revois ce petit garçon, alors que je vais sur mes quarante ans aujourd'hui, je suis un peu amusé du hasard qui met plein de choses sur nos routes.

On avait le droit d'emprunter deux livres. J'en ai pris au hasard, quelqu'un m'avait parlé d'un mec qui s'appelait Stephen King et j'ai pris un recueil de nouvelles appelé « Brume » et le second était « La Volonté de puissance » de Friedrich Nietzsche. Autant dire que j'étais bien tombé du premier coup.

J'ai adoré le style de King du premier coup et maintenant que quasiment vingt-ans plus tard, je suis aussi un « écrivain » à mon modeste niveau, j'essaie toujours de copier son style. Le livre de Nietzsche, évidemment vous vous en doutez, je n'y ai rien compris.

Ça parlait de haine contre les chrétiens et de surhomme. Très peu pour moi. J'étais content de mes romans et de la fiction. Le massacre et égorger les puissants, ça viendra à partir de 30 ans. Cette introduction était nécessaire, car avant d'écrire la moindre ligne de rédaction web, j'avais lu des milliers de livres et c'est ça qui m'a formé à la rédaction web.

Quand je vois aujourd'hui, des formations à la con, qui sont niaises à souhait. Elles ne soulignent jamais l'importance de la lecture et comme le pourraient-elles, leurs « auteurs », des escrocs endimanchés, ont lu autant de livres que les doigts d'une seule main. La lecture de livres vous donnera le vocabulaire et une certaine aisance à écrire sur n'importe quoi. Car comme rédacteur web, oubliez l'idée que vous allez écrire de beaux textes.

Dans la plupart des cas, vous vous retrouverez à écrire des textes de poker et comment utiliser un VPN. Ce sera insipide, barbant et d'un emmerdement total, de répéter ça jour après jour. Mais j'ai une telle passion pour la lecture et l'écriture que je peux écrire tout et n'importe quoi. Lisez énormément et surtout, lisez les livres en papier.

On en parlera peut-être, si on en a le temps, mais vous ne pourrez jamais enrichir votre vocabulaire et maîtriser le français avec les articles sur le web. Car ce sont des articles issus de l'écriture algorithmique qui est imposé par Google et les moteurs de recherche. Il vous faut manier les mots comme un cuisinier manie ses couteaux et non les cracher.

Comment suis-je devenu rédacteur web ?

Comme je l'ai dit, c'est un Coup d'État qui m'a fait connaître ce secteur. En 2009, j'avais 27 ans et de mes 20 ans à quasiment 26 ans, j'étais un employé dans un magasin, une quincaillerie comme on les appelle. Aujourd'hui, j'écris mon quatrième livre, mais dire qu'à une époque, j'ai transporté des fers ronds de 6, des cornières et des tôles planes. Cela m'a dézingué le dos et aujourd'hui encore, ce dos était toujours plus cassé que réparé.

Comme je me suis retrouvé là ? Eh bien, faut bien bouffer, mes mignons ! C'est bien de se noyer dans les livres, mais dans une famille où la précarité et les difficultés sont la norme, tu ne peux pas te prendre pour Baudelaire ou un poète quelconque. J'ai dû abandonner mes précieux livres et travailler comme un forçat.

Mon employeur était un magouilleur de la pire espèce. Le genre à aligner des chèques en bois, même s'il était cool envers ses employés. Ce qui devait arriver arriva, il dut s'enfuir du pays à cause de ces créanciers et de la justice qui lui collait au cul. Et moi, j'ai eu mon lot de problèmes, juste parce que j'étais un des employés. Le système, plus on s'en tient éloigné et mieux ça vaut.

Après une longue période de disettes et d'incertitudes, en sachant que tu devras supporter tous les regards de reproche si tu ne contribues pas à la pitance familiale. On te traite comme un moins que rien, juste parce que tu ne transpires pas la joie face à un boulot de merde.

Fin 2008, j'ai eu l'occasion de voyager au Kenya pour un genre de voyage religieux. Espérons que le ciel m'écoute. De retour, la crise de 2009 va éclater à Madagascar. On va essayer de faire un topo aussi court que possible. Vous aviez le maire de la ville de l'époque, Andry Rajoelina, qui ne pouvait pas blairer le président de l'époque, Marc Ravalomamana. On parle ici d'Antananarivo, la capitale du pays.

Rajoelina était soutenu par la France tandis que Ravalomanana était très proche des pays anglo-saxons. Il voulait aussi s'inspirer de la Malaisie et de l'Indonésie comme modèles pour le pays. Mais quand t'es une ancienne colonie, cela ne plaît pas forcément à la mère patrie. La crise a éclaté, des médias du maire ont été fermés. Il a commencé à manifester, demandant la démission du président.

Après un micmac qui a duré des mois, Rajoelina a réussi à avoir le soutien d'une partie de l'armée. L'affaire a été plié en quelques jours. Le 26 janvier 2009 a été surnommé comme le lundi noir, car on a eu des pillages organisés dans toute la ville. Ensuite, le 7 février 2009, il y a eu des manifestations sur le palais présidentiel et la police a tiré sur la foule. Plusieurs dizaines de morts.

Le 21 mars 2009, Ravalomanana, s'enfuit en Afrique du Sud et Rajoelina devient le président de ce qu'on appellera le régime de la transition. La folie qui a duré de 2009 à 2011 est indescriptible. Des exactions par les militaires, des trafics en tout genre. Tu avais des mecs, plus fauchés que moi, se balader avec des Hummers à 150 000 dollars. Ça paye le crime organisé.

C'est dans cette atmosphère qu'il fallait que je trouve un travail. C'est sûr que je n'ai pas choisi les meilleures dispositions pour me lancer dans la rédaction web. Mais 11 ans après, je suis toujours là à gérer mes sites web. Comme quoi, si vous devez réussir (même si c'est un grand mot), vous finirez par y arriver. Et si vous devez échouer, vous pouvez mettre toutes les chances de votre côté, mais vous allez toujours vous vautrer.

La crise de 2009 m'avait transformé en blogueur politique malgré moi. Je détestais ce Coup d'État et étant d'origine indienne, considérée comme majoritairement économique, ma voix s'était parfois entendu. Je ne connaissais rien des blogs et des sites web. Mais je me suis lancé. Je pense que ce blog doit encore traîner quelque part sur le web, Reflexiums, il s'appelait, hébergé sur Blogger.

Quelques années plus tard, je suis retombé sur mon texte que j'avais écris et c'était risible à souhait. Un gros pavé de 600 mots sans aucun paragraphe, pas de virgule, pas de sous-titre. On commence toujours comme ça et il faut continuer à avancer. Je lisais aussi énormément de petites annonces, pour voir si je pouvais trouver un boulot, car vivre aux dépens de mon frère et de la famille, me plaisait moyennement.

Un jour, je tombe sur cette annonce, ce n'est pas la copie exacte, mais c'était dans le même genre d'esprit :

Agence de rédaction web, cherche des contributeurs, qualifiés ou non. Nous acceptons aussi les débutants, veuillez envoyer un mail à : xxx pour avoir un test. Aucun diplôme ou qualification requise.

Cette petite annonce reste toujours valable aujourd'hui si vous voulez vous lancer dans la rédaction web. Vous n'avez pas besoin de diplôme, j'y reviendrais encore et encore, je l'espère dans ce livre. Vous devez avoir quelques bases et c'est tout.

Une bonne maîtrise de l'écriture française, une culture générale conséquente et une passion infinie pour l'écriture. Car vous pouvez maîtriser la langue française comme un Montaigne, mais si vous manquez de culture générale, vous ne serez qu'un grammairien !

Méprisé par Sénèque, le grammairien s'intéresse principalement à la forme. Oui, c'est le même genre d'enculé qui va t'emmerder parce que t'as fait une faute d'orthographe dans ton article de web. On a les mêmes !

Honnêtement, je réponds à l'annonce sans aucune conviction. L'agence demandait un texte qui décrivait Madagascar en des termes simples et concis. J'ai fait de mon mieux et quelques jours plus tard, j'ai reçu une réponse, me disant qu'ils étaient intéressés, mais qu'il y avait une formation à suivre. Elle était entièrement gratuite. On était encore en plein crise de 2009, il y avait des militaires et des blindés un peu partout, aux mines vraiment patibulaires.

Ils m'avaient donné une adresse et cela s'est passé il y a près de 11 ans, mais cela reste toujours en moi, car c'est cette agence qui m'a permis de devenir rédacteur web. Elle s'appelait Rédaction.tv.

L'ère de Rédaction.tv

Les clients en France de rédaction web et dans le domaine du SEO, reconnaîtront sans doute Redaction.tv. C'était une agence gérée par un certain Laurent. Quand j'y vais, je trouve une bicoque où il y avait quelques bureaux au premier étage. Rustique est le mot.

L'un des employés de l'agence, un Français, nous accueille et commente nos textes que nous avions écrits. La douche froide fut longue, mais révélatrice. Malgré des milliers de livres, on ne s'improvise pas rédacteur web. De nombreuses fautes, des constructions de phrase trop longues, c'est ce jour-là que j'ai compris que la rédaction n'est pas de l'écriture.

C'est une forme adaptée, uniquement pour des machines, que j'appelle l'écriture algorithmique. Cela peut marcher un certain temps, mais au bout du compte, vous vous retrouvez avec un web totalement appauvri, handicapé et autiste qui ne s'exprime que par des mots-clés et des liens placés au bon endroit.

Mais je fus accepté. En 2020 et au-delà, il n'y a quasiment aucune agence qui puisse vous former comme Rédaction.tv à cause de sa structure et sa manière de traiter les textes. Le propriétaire de l'agence, Laurent, était français et il faisait passer ses textes par la correction.

Aujourd'hui, un client de rédaction web vous commande les textes et il les publie directement. Car il est généralement content de votre qualité de base. Cela peut marcher quand vous êtes expérimenté, mais cela peut devenir catastrophique quand vous êtes débutant. Le problème est qu'on va se retrouver dans le tout-venant avec des rédacteurs très médiocres et des autres qui sont très bons.

Et comme les rédacteurs médiocres sont toujours plus nombreux, ils vont normaliser le secteur à leur image. Tout simplement parce qu'ils sont les moins chers. Et la qualité, avec un certain prix, devient impensable au bout d'un moment.

Parlons un peu fric. Rédaction.tv proposait des tarifs de rédaction web de Madagascar. Le tarif de base était de 10 ariary par mot pour une note de base, mais cela pouvait monter jusqu'à 20 ariary par mot. On nous a appris que la rédaction web se base sur le nombre de mots et non de signes comme c'est le cas en journalisme.

Donc, un article de 500 mots, qui est devenu ma base de calcul depuis, rapporte 5 000 ariary, ce qui fait autour de 1 à 1,5 euros selon le taux de change. Vous allez me dire que c'est ridicule, mais comme je l'ai dit, ce sont des tarifs de rédaction web à Madagascar. Maintenant, vous pouvez aller dans une plateforme comme Upwork, dont on parlera, les tarifs sont légèrement élevés, mais sans plus.

Et encore une fois, c'est la note de base. 1,5 euros est un article qui était noté sur 5/10, la plus mauvaise note possible. En dessous, le texte est rejeté. Plus on monte en note, 7, 8 ou même 10/10, alors le tarif par mot augmente. L'approche de Rédaction.tv était très bien pensée, terrible pour les rédacteurs, mais c'est une formation très efficace.

Le principe est que si votre texte était médiocre, le correcteur l'améliorait autant que possible et l'argent que vous deviez gagner, plein pot, lui revenait. Cela avait deux avantages. Le premier est que vous vous magnez le cul pour améliorer vos propres textes, car vous savez que vous allez perdre de l'argent. De plus, la copie corrigée nous était renvoyée et on pouvait donc savoir toutes les erreurs que nous avions commis.

Les rédacteurs et les correcteurs ne se connaissaient pas et cela permettait des interactions aussi neutres que possible. Mais je vous laisse imaginer les mails et les rencontres enragées entre les rédacteurs, qui se faisaient noter 5/10, sur 50 ou 100 textes. Car bien évidemment, tu ne pourras pas te payer une simple soupe d'artichauts avec 10 ariary le mot.

Même si le niveau de vie à Madagascar est largement inférieur à la France, je me considère comme étant de la classe moyenne, même déclassée. Donc à cette époque, ce n'était pas grave si je gagnais que des miettes, car j'habitais en famille.

Aujourd'hui, c'est différent, je vis seul, mais j'aide aussi financièrement la famille. Donc, imaginons que j'ai besoin de 250 dollars (au minimum) pour vivre par mois, il me faudrait écrire 250 articles par mois, à raison de 500 mots pour chacun d'entre eux. Cela fait 125 000 mots par mois. Malgré mes quelques années passées à Rédaction.tv, avec parfois des mois de production très intenses, je n'ai jamais atteint un tel rythme.

Je pouvais atteindre entre 40 000 et 50 000 mots dans le meilleur des cas. Aujourd'hui, c'est encore moins, car 11 ans passés à écrire des textes, la fibre créative est de plus en plus épuisée et moi-même, je le suis. Mais encore une fois, j'étais content de mon revenu à l'époque, car j'habitais en famille. Je n'avais pas à payer le loyer et je contribuais parfois à la bouffe. Et c'est caractéristique de la genèse de la rédaction web.

Je me souviens encore de ma première paye chez Rédaction.tv. J'étais content comme tout, c'était ma première paye officielle depuis des années. J'avais enfin l'impression d'être un adulte. Comme j'avais commencé au cours du mois, j'avais gagné 60 000 ariary, soit environ de 20 à 25 euros. C'était peu, mais c'était quand même génial.

Je savais que je faisais énormément de fautes avec mes textes et chaque faute se payait cash. Donc, la première chose que j'ai acheté est le logiciel Antidote. Pas vraiment « acheté », mais quand on habite à Madagascar, on pirate pas mal de choses. Mais je connaissais un cybercafé qui vendait des logiciels et il proposait Antidote environ pour 10 euros.

Cela faisait quand même 50 % de mon premier revenu, mais je n'ai pas hésité une seule seconde. C'est un achat que je n'ai jamais regretté, car même en 2020 à l'heure où j'écris ce livre, il est toujours installé et il corrige chacun de mes textes.

Antidote est une merveille pour la rédaction web, il peut corriger et détecter toutes les fautes, proposer des suggestions de phrases, il a des dictionnaires intégrés. Il est assez cher avec une licence à 130 euros, mais je vous le redis, c'est un compagnon à vie pour le rédacteur web.

Le gain de temps est énorme et au fil du temps, vous apprenez vous-même à corriger les fautes qu'il souligne. Il est disponible pour le français et l'anglais, chacun coûtant 130 euros individuellement. Dans le monde actuel, vous pouvez en trouver, sous des camions… Mais c'est mieux d'économiser un peu et d'acheter une version originale et je le répète une énième fois, ce n'est pas un achat que vous pouvez regretter si vous êtes ou prévoyez de devenir rédacteur web.

Si on parle de la rédaction web moderne, telle que nous la connaissons aujourd'hui, elle a commencé à partir des années 2000, avec la création de plus en plus de sites web, de la montée de l'e-commerce et de l'arrivée et de la domination de Google et consorts. Et ce métier, originairement, était celui du temps partiel.

La rédaction web est le job d'étudiant qu'on va faire pour gagner un peu de sous, pour payer sa bouffe, pendant qu'on fait ses études en France. Même si historiquement, ce sont les femmes qui étaient des rédactrices web. Ce sont les femmes au foyer qui prenaient des boulots partiels pour compléter le revenu familial.

C'était rustique, désordonné et complètement éclaté. L'avènement du web va permettre de mieux structurer le secteur. De plus, quand je parle de rédaction web, je parle de celle liée au contenu. En anglais, on dira plutôt un Writer ou un Copywriter qui est davantage un rédacteur web publicitaire. Le Copywriter est un métier plus ancien que les premières civilisations.

On trouve même la trace de ces rédacteurs web à l'époque babylonienne sur un texte qui promouvait un livre de prières. Le rédacteur web contemporain est quand même très ancien, puisque le métier apparaîtra officiellement au 17e siècle avec la généralisation de l'imprimerie et des journaux en papier. Très rapidement, ces journaux ont commencé à insérer des encarts publicitaires… comme quoi.

Et les entreprises employaient des personnes, souvent indépendantes, pour écrire des slogans et des accroches publicitaires sur des posters, les flyers et les cartes de visite. Le terme de Copywriting désigne le fait « d'écrire des mots pour vendre un produit. » Et cela s'est retrouvé à mon agence de Rédaction.tv où la consigne était « d'inciter le lecteur à l'achat. »

Le premier rédacteur web connu de l'histoire est John Emory Powers qui est considéré comme l'inventeur de la publicité. Il était réputé pour ses slogans provocants et choquants pour créer des chocs émotionnels chez les lecteurs et ils achetaient le produit par rage, juste pour le critiquer, soit parce qu'ils étaient convaincus. Les médias de masse utilisent donc la même technique de merde depuis quatre siècles.

Mais ici, on parle de rédacteur web publicitaire. Car inventer un slogan pour une entreprise peut rapporter gros et cela prend énormément de temps. Avec le web, le rédacteur web de contenu va se contenter de convaincre le lecteur que le produit est bon. La créativité est un bonus, mais ce n'est pas l'essentiel. Il doit seulement vendre le produit en se mettant à la place du lecteur.

Il n'y a aucun Copywriter actuellement en France. En tout cas, dans le secteur qui nous occupe. Ils vont prendre ce titre par frime et pour éviter d'être confondus avec les rédacteurs web que nous sommes dans les pays pauvres. Mais sa mentalité et la manière dont on lui a appris à écrire les textes sont exactement identiques. Les créateurs de slogans publicitaires sont rares et ils vont travailler dans une vraie agence publicitaire et évidemment, ils sont très bien payés.

Comme je l'écrivais dans un article dans un de mes vieux blogs encore debouts, Maniac Geek, le rédacteur web actuel est un pisseur de mots. Mais revenons à Rédaction.tv. Sa formation à la dure m'a énormément servi. J'ai appris à relire mes textes, à trouver comment construire les phrases. Ma production était l'une des plus importantes de l'agence, avoisinant les 40 000 ou même les 50 000 mots par mois.

De plus, j'étais devenu proche des employeurs, notamment de Laurent. Ma « carrière » chez Rédaction.tv va durer jusqu'en 2011, année à laquelle l'agence va fermer. À cause d'un panda et d'autres choses.

Rédacteur web indépendant ? Oui, c'est moi !

Pour comprendre la fermeture de Rédaction.tv, plusieurs choses se sont télescopés. D'une part, notre équipe de rédacteurs à l'agence était très déséquilibrée. Moi, je faisais le boulot à plein temps. Mais vous aviez la majorité qui le faisaient à temps partiel. Donc, ils écrivaient tous leurs textes les 5 à 10 derniers jours du mois pour être à la paye, mais cela créait un énorme gap avec la correction qui n'arrivait pas à tenir.

Dans ce type de configuration, c'est cette majorité qui détermine une grande partie du revenu de l'agence. Car même si je peux faire 20 ou 30 textes par mois à 500 mots chacun, c'est toujours moindre que 50 rédacteurs qui vont faire 10 textes chacun pour avoir 500 textes. Je ne me faisais pas d'illusions sur mon métier de rédacteur web.

C'était des textes de qualité moyenne, destiné pour alimenter des sites web. Je pourrais vous citer par cœur les règles du poker, des machines à sous, du black jack et aussi toutes les techniques pour devenir le roi du poker. Car évidemment, les jeux d'argent représentent le secteur avec le plus gros revenu sur le web. La pornographie est très loin derrière.

Car pour ceux qui ne connaissent pas ce monde. Les sites de casino en ligne et de poker fonctionnent avec l'affiliation. À l'époque, une inscription affiliée sur un site de jeux d'argent pouvait vous ramener 20 à 30 euros !

Cela signifie que si vous avez un site qui parle des jeux d'argent, qu'il y ait un lien affilié, que quelqu'un clique dessus et s'inscrive sur le site promu en question, le webmestre empochait 20 à 30 euros.

Autant dire que cela a créé une véritable manne d'or et un véritable aspirateur pour les textes de rédaction web. Nous avions des clients qui nous commandaient par paquet de 1000 textes ! Donc encore une fois, ce n'est pas la qualité exceptionnelle qui est visée, mais tout le monde y trouvait son compte. Le second type de contenu que j'ai écris le plus, et dont j'ai parfois honte, est les crédits financiers.

Car ici, ce n'est pas l'affiliation, mais les publicités Adsense. On parlera un peu plus tard d'Adsense et comment Google a littéralement provoqué un génocide sur les créateurs de contenu. Mais en gros, Adsense est un programme publicitaire de Google qui insère automatiquement des publicités sur vos pages en fonction de votre contenu. Par exemple, sur un blog de voyage, vous aurez des publicités de voyage.

Adsense fonctionne de pair avec Adwords qui est la régie qui permet aux annonceurs d'acheter de la publicité pour leurs entreprises. Si une agence de voyages veut apparaître dans les publicités de Google, il y a un système d'enchères mis en place selon les mots-clés. Pour les mots-clés concurrentiels, le prix est très élevé.

Donc, pour l'agence de voyages, on aura des mots comme *voyage*, *tourisme*, *voyage low cost*, etc. Google va prendre les publicités avec ces mots-clés et il va les afficher, d'abord sur son moteur de recherche. Quand vous tapez une requête et que vous voyez des publicités, ça vient de là. De plus, ces publicités s'afficheront sur des sites qui proposent des contenus, liés avec les mots-clés en question.

Donc, des blogs de voyage et la boucle est bouclée. Je fais exprès de simplifier, car les régies publicitaires inventent des mots et des concepts très complexes pour noyer le poisson, mais fondamentalement, c'est comme ça que cela fonctionne. Et les mots-clés les plus chers sur Adwords sont respectivement les assurances, les prêts, les hypothèques, les crédits et tout ce qui concerne les avocats.

Pourquoi un mot-clé est plus cher qu'un autre ? Tout simplement parce qu'il y a beaucoup d'annonceurs qui rivalisent pour se positionner dessus. Plus d'annonceurs, donc plus d'enchères, donc le prix est élevé. Enfin, notre troisième type de contenu chez Rédaction.tv était les produits en tout genre. Le bricolage, le jardinage, la cuisine, etc.

Ici, c'est aussi l'affiliation qui fonctionnait, mais via les comparateurs de produit. Un comparateur de produit va indexer les prix d'un même produit, provenant de 10 ou 20 sites différents pour faciliter la vie à l'internaute. Et quand l'internaute achète via le comparateur, ce dernier gagne une commission. Cette petite sauterie a pris fin en février en 2011 lorsque Google a déployé un changement d'algorithme sur son moteur de recherche appelé Panda ou simplement Google Panda.

C'est un algorithme qui visait à pénaliser les sites avec du mauvais contenu ou du contenu copié à la chaîne. Sa cible principale était une entreprise appelée Demand Media qui était spécialisé dans les « fermes de contenu ». Ce sont des sites avec des milliers d'articles, uniquement optimisés pour les moteurs de recherche et leur seule raison est de générer des revenus publicitaires. Dans le prochain chapitre, j'explique pourquoi Google Panda était une arnaque de Google pour monopoliser le secteur.

Mais chez Rédaction.web, ça été le massacre ! 70 % des comparateurs de site français ont été pénalisés par Panda et les nouvelles lois sur les jeux d'argent ont fait disparaître les sites de casino. C'est-à-dire que les principaux clients de nos textes venaient de faire faillite. Rédaction.tv a fermé, aussi à cause de problèmes structurels dans son équipe de rédacteurs comme je l'ai dit.

Et pourtant, Laurent de Rédaction.tv, a fait pas mal de choses dans cette agence. À la toute fin, il travaillait sur une plateforme qui mettraient directement les rédacteurs et les clients via un système d'enchères. Si un client voulait un texte en 24 heures, c'était beaucoup plus cher. S'il voulait une qualité maximale, c'était tel prix. C'était vraiment une bonne idée, car cela contentait tout le monde.

Mais Google Panda a tout mis par terre. Comme il me connaissait, il m'a mis en contact avec un client français pour que je ne me retrouve pas sans rien. Et il m'a dit quelque chose que je n'oublierais jamais: « Avec ta qualité, tu trouveras toujours du boulot ». Le client, avec lequel il m'a mis en contact, était cool, mais c'est moi qui aie fait des erreurs.

J'ai commencé à subir la pire maladie du rédacteur web et du Freelance en général, la Procrastination. Tout le monde en parle, mais cela m'a bloqué pendant des mois. Le client français m'a dit qu'il y avait trop de retards. Et je me suis retrouvé sans rien et tout seul. Rédacteur web indépendant, me voilà, mais avant, il faut qu'on détaille ce qui s'est passé avec Google Panda.

L'arnaque de Google Panda

Les personnes qui ne sont pas dans le secteur spécifique de la rédaction web, des sites web et du SEO ne savent pas l'impact de Google Panda. Mais cet algorithme de Google a provoqué au minium 60 morts aux États-Unis. Ce sont des personnes qui se sont suicidés, car du jour au lendemain, les sites qui leur permettaient de vivre, ont perdu 90 % de leurs visites.

On pourrait dire que Google Panda a nettoyé le secteur du web, mais quasiment 9 ans, est-ce que vous pensez que le web paraît plus propre, plus expert et mieux ? C'est un triple non. L'idée de base était bonne, mais la question ne pouvait pas avoir de bonnes réponses.

Car avec Google Panda, Google se décidait de juger du bon et du mauvais contenu. Comme dans le sketch des Inconnus, c'est impossible à dire. Toutes les tentatives pathétiques d'explication de Google n'ont servi à rien. « C'est pour supprimer les sites qui n'existent que pour les revenus publicitaires ? » Vous voulez parler des médias de masse dont j'ai raconté qu'ils étaient les premiers à proposer de la publicité.

Considérer un site comme étant mauvais, sous prétexte qu'il gagne de l'argent publicitaire revient à dire que toute personne, qui travaille pour de l'argent, est un gros escroc et un profiteur de merde. Google tente ensuite de dire que les revenus publicitaires doivent être naturel et que le contenu aussi. Qu'on ne doit pas viser le SEO avec son contenu.

Alors c'est la même putain de régie publicitaire d'Adsense qui nous envoie des conseils tous les jours, pour nous dire qu'on doit cibler, cibler et cibler notre contenu pour ses publicités. De plus, la domination de Google est sans partage et donc, ses règles deviennent des normes de facto. Il faut optimiser le contenu sinon il est invisible.

Le jeu avec Google est pipé d'avance, mais c'est toujours lui qui prend le beau rôle. Avec son fameux mantra qui est devenu la pire prière de tous les temps, « enrichir l'expérience de l'utilisateur et créez de bons contenus ». Des expressions totalement vides, qui ne veulent rien dire, sorties tout droit de marketeux dont l'inventivité est abyssalement vide.

Mais Google Panda, mais aussi Google Penguin, un autre algorithme qui pénalisait les «mauvais » liens, n'avaient qu'un seul objectif, promouvoir ses propres services. Sur le Web, les GAFAMs se partagent les plus gros morceaux du gâteau. Facebook, qui arrivera plus tard, occupe les réseaux sociaux, Google concerne les moteurs de recherche et Amazon concerne l'aspect marchand.

Mais Google a compris très vite que le revenu publicitaire était une stratégie à court terme. Il faudrait aussi parler comment Google Adsense, la régie publicitaire de Google, a décapité toute la concurrence dans la publicité en ligne en cassant les prix pour avoir le monopole.

Il a fait exprès de baisser énormément les qualités d'admission des annonceurs et des publicités pour attirer le maximum de monde. Je suis sûr que vous n'avez jamais entendu parler d'Adbrite, mais c'était l'une des meilleures alternatives à Adsense. Elle a fermé en 2012 et cela permis à Adsense de dominer totalement le secteur de la publicité en ligne.

Ce monopole d'Adsense a son importance pour mon parcours de rédaction web, car on se rendra compte que Google vous encule par tous les côtés. Il vous pousse à la précarité extrême, en travaillant quasi gratuitement pour lui.

Mais je disais que Google Panda était là pour promouvoir ses propres services. En décembre 2002, Google avait lancé Google Shopping. Panda avait détruit tous les comparateurs de prix et devinez ce qu'était Google Shopping, un comparateur de produits, qui l'eut cru ? Google Shopping n'arrivait pas à décoller par ses propres moyens et donc, Google, plutôt que d'améliorer son service, a préféré décapiter ses concurrents.

Les petits comparateurs de produit, dont les propriétaires étaient nos clients, étaient très souples et ils changeaient sans cesse de techniques pour être dans les tendances du web. Mais Panda a également détruit les comparateurs des hôtels et en septembre 2005, Google lançait Google Hostel, un service qui permettait de comparer les prix d'hôtel.

Les sites et les comparateurs de voyages ? Un véritable bain de sang en Europe ! Oh comme c'est bizarre, en septembre 2011, Google lançait Google Flight, son service pour trouver des billets d'avion dans le monde entier. À chaque fois que Google a lancé ses algorithmes, c'était toujours pour promouvoir ses propres services.

Et ce n'est pas un rédacteur web désabusé qui vous le dit, mais même l'Union Européenne que je déteste foncièrement au passage. En 2017, l'Union Européenne a infligé une amende de 2 ,4 milliards d'euros pour abus de position dominante sur Google Shopping. On dira que c'est justice qui est rendue, mais c'est toujours un scénario bien ficelé.

Car l'Union Européenne fait semblant d'infliger des amendes records, pour montrer que l'Europe, c'est boooo, mais quelques années plus tard, un tribunal quelconque de mes couilles, viendra l'annuler. L'Union Europe comme les États-Unis sont des grands amis des GAFAM, car tout le monde le sait, entre oligarques, on se comprend et on s'accouple mutuellement.

Il y a eu clairement un avant et un après Google Panda. Et le pire est qu'en 2020 et au-delà, le web n'est devenu qu'un énorme sac d'excréments, rempli des mêmes contenus, recyclés encore et encore depuis des années. Demand Media, l'entreprise que Google Panda avait visé à la base, est toujours en activité aujourd'hui sous le nom de Leaf. Elle vend et achète régulièrement des sites qu'elle crée.

Si vous avez cherché des informations sur le web, alors vous êtes forcément tombé sur un article du site WikiHow et fondamentalement, ce dernier est une ferme de contenu. C'est sûr que les articles sont de meilleure qualité aujourd'hui, mais le principe de base reste le même. On crée uniquement des articles pour viser des requêtes et générer des revenus publicitaires et c'est toujours des rédacteurs web comme moi, qui les écrivent en étant payés au lance-pierre.

L'avènement d'Upwork et des immenses plateformes de Freelancing

Mais revenons à moi, après la fermeture de Rédaction.tv, j'ai été vraiment dans la merde. Je ne trouvais pas de contrats digne de ce nom, car rédacteur web à Madagascar, ce n'est pas la meilleure carte de visite que vous pouvez fournir.

Dans cette rédaction web sous-traitée, vous avez les deux points de vue qui s'affrontent. En tant que rédacteur web, on est payé comme une merde et on a des conditions de travail, proches de l'esclavagisme. Du côté des clients, ils doivent faire tourner leur business et ils tombent souvent sur des rédacteurs totalement inexpérimentés auxquels on a appris à aligner des phrases pour viser une certaine requête.

Cependant, quand je vois des articles, écrit par des rédacteurs web « professionnel » en France, j'ai envie de m'arracher les yeux avec des lames de rasoir rouillés tellement ils sont insipides et médiocres. Cette mauvaise réputation de la sous-traitante a forcé les agences de rédaction web, à se concentrer uniquement sur le marché européen.

Mais des Freelances dans les pays riches sont minoritaires, car ils se rendent compte qu'ils sont les gros perdants dans l'histoire. Car si aujourd'hui dans un pays riche, on vous propose de choisir entre être un serveur au McDo et rédacteur web, choisissez de servir des hamburgers sans hésiter. Car vous aurez des avantages avec, que vous n'aurez jamais en Freelance.

De 2011 à 2012, je baguenaude de petits contrats individuels en petits boulots de plume. Même s'ils étaient mal payés, ce n'était rien comparé à la misère que je l'allais trouver sur Upwork.

Upwork est une plateforme qui met en relation les Freelances et leurs clients.

L'entreprise était récente, car à la base, je m'étais inscrit sur oDesk qui allait ensuite devenir Upwork. Le principe est simple, vous vous inscrivez, vous remplissez votre profil et vous passez quelques tests pour voir vos aptitudes. Notons que ces tests n'impactent pas votre capacité à vous faire recruter. C'est une manière comme une autre, de montrer aux clients, visitant vos profils, vos domaines d'expertises.

Je m'inscris sur oDesk en 2012 après avoir cherché plusieurs plateformes de ce type. Car étant rédacteur web à Madagascar, je devais aussi avoir mes propres critères de choix, surtout le mode de paiement. Paypal n'est pas supporté à Madagascar et c'est un putain de scandale. 25 millions d'habitants, un pays qui est un phare dans la sous-traitance et on ne peut pas utiliser le principal mode de paiement en ligne en Occident, cherchez l'erreur !

Vous avez des alternatives à Paypal comme Skrill ou Payoneer. Avant de débarquer sur oDesk, j'étais aussi présent sur Fiverr, une plateforme qui permet de vendre tout type de services, allant d'un texte de 500 mots, en passant par la promotion de votre profil sur des réseaux sociaux et des pancartes avec le nom de votre entreprise ou de votre logo, tenues par des bonasses en petite tenue. La force de Fiverr est que toutes ses prestations sont à 5 dollars d'où le nom.

Fiverr a littéralement a été mis KO ces dernières années. Mais au début, c'était une plateforme qui permettait de générer de bons petits revenus complémentaires. On va me dire que 5 dollars, c'est peu pour avoir un revenu, pouvant vous payer du caviar. Mais l'offre de 5 dollars n'était que le début. On pouvait ajouter des options de vente supplémentaires avec des prix de 10, 20 et même 50 dollars.

Par exemple à l'époque, je proposais d'écrire un article de 500 mots à 5 dollars et le délai de livraison était de trois jours. Si le client le voulait en 24 heures, alors il fallait qu'il paye 5 dollars de plus. Et ainsi de suite, à force de pourboire, on peut se faire un revenu. Mais il n'y a pas de contrat et les notes sont absolument impitoyables. La dictature des notes, qui arrive un peu partout sur le web, débarquera aussi sur Upwork avec toutes les saloperies que cela entraîne.

Une fois que vous avez complété votre profil sur Odesk, vous pouviez chercher des emplois correspondant à votre profil. Moi, je proposais de la rédaction web, mais aussi de la traduction anglais-français. Même si aujourd'hui tout le monde passe par Google Translate. Et je ne vais pas vous le cacher, je l'ai aussi utilisé. Cependant, je suis toujours obligé de corriger derrière, car malgré quasiment une décennie d'existence, Google Translate traduit comme un crétin et c'est normal, ce n'est qu'un algorithme.

Je vais traduire le gros du texte et je vais peaufiner derrière. Car de toutes façons, même avec une traduction manuelle, je serais arrivé aux mêmes phrases. Donc une fois que vous avez créé des genres de filtres sur les emplois que vous cherchez sur Upwork, vous aurez des offres et c'est à vous de postuler.

Vous avez un certain de quotas par mois pour postuler. Cela pour éviter que les escrocs, et il y en a des tonnes sur Upwork, spamment toutes les offres. Quand cela s'appelait encore oDesk, il y avait une autre plateforme appelée Elance qui était sa rivale.

Et Elance avait une réputation exécrable. Plein d'enculés de profiteurs, d'escrocs et du spam à volonté. Odesk était beaucoup plus propre, de vrais clients avec de vrais budgets et des prestataires qui ne sont pas des brêles et qui ont quelques années d'expérience.

En décembre 2013, Elance et oDesk annoncèrent leur fusion pour devenir Upwork. Unanimement, tous les Freelances et les clients ont détesté cette idée et la suite leur a donné raison. Plutôt que l'aspect propre et expert d'oDesk qui ait déteint sur Elance, c'est le contraire qui est arrivé. On a eu les pires escrocs qui ont commencé à spammer les offres. Les prix des prestations ont été divisés par 10. Alors qu'oDesk était déjà très bas.

Concernant les prix, un article de 500 mots sur oDesk rapportait 5 dollars. C'était une moyenne de prix, notons que sur Rédaction.tv, j'étais à 1 ou 2 euros. Mais avec la fusion d'Upwork, le prix a baissé à 2 dollars pour 500 mots et aujourd'hui, il n'est pas rare de voir 1 dollar pour 500 mots. Plusieurs choses expliquent cette descente aux enfers.

La première, comme je l'ai dit, est qu'on a eu toute la racaille d'Elance, qui a littéralement pourri ceux d'oDesk. Dans un couple, il y en a toujours un qui se fait sodomiser et c'était la partie oDesk dans notre cas. Résultat, plusieurs bons clients se sont cassés, mais également des prestataires qui n'arrivaient pas à gagner leur vie.

Moi, je me suis accroché, tout simplement parce que sinon, je n'avais plus aucune source de revenu. Upwork se base sur deux modes de rémunération, fixe et par heure.

Le tarif par heure est protégé par Upwork dans la mesure où il s'assure toujours que le prestataire est payé, indépendamment de la qualité du travail. En revanche, le prix fixe n'est pas protégé. Cela signifie que vous n'avez pas la même garantie de paiement.

Cela ne signifie pas que vous allez vous faire pigeonner à chaque fois, mais il y a un petit risque. Personnellement, cela fait maintenant depuis sept ans que je suis sur Upwork et j'ai toujours exigé des contrats fixes. Pourquoi, car avec le taux par heure, vous êtes perdant si vous êtes un rédacteur rapide comme moi.

L'une des raisons pour lesquelles j'avais gagné des galons chez Rédaction.tv était ma rapidité. Et au fil du temps, cela n'a pas changé. Bien sûr, cela dépend de la motivation. Me demander d'écrire un énième article sur comment les cryptomonnaies et les machines à sous vous rendront riches et c'est certain que je vais traîner les pieds.

Mais en général, je peux écrire 500 à 700 mots par heure et 2h30 pour un article de 2000 mots.

Oui, car aujourd'hui, 2000 mots semble être le nouveau beaujolais. Je ne sais pas d'où vient ce mythe, mais il paraît que si vous écrivez des articles de 2000 mots, vous êtes protégé contre Google Panda. Car ce bon vieux Panda fait partie de l'algorithme principal de Google et donc, tous les nouveaux sites web sont analysés de la même manière. Google est parti d'une idée très conne, pour promouvoir les articles longs.

Un article long, cela contient plus de contenus, donc, c'est forcément un article plus expert. En revanche, un contenu très court est évidemment une grosse merde. Et donc, $E=mc2$ est un contenu très médiocre pour Google.

Donc, si j'écris un article de 2000 mots en 2 heures, considérant un tarif fixe de 5 dollars pour 500 mots, alors je gagne 20 dollars. En revanche, si je pars sur un prix par heure et que je suis payé 7 dollars de l'heure, alors mon article me rapportera 14 dollars. De plus, une chose détestable quand vous choisissez le taux horaire sur Upwork est que vous êtes obligé de télécharger une application pour Desktop qui vous surveille en permanence.

C'est spécifiquement un logiciel espion qui prend des captures d'écran à intervalle régulier, qui lit vos mails et qui se déclenche quand vous changez de fenêtre avec ALT+TAB, car toujours selon cette idée du Freelance par les puissants, quand tu travailles, tu ne peux rien faire d'autre.

L'esclavagisme numérique, c'est vraiment beau ! Et les effets pervers sont catastrophiques. Car imagine que tu t'échines sur un article de machines à sous qui doit faire 1000 mots.

T'en as marre d'écrire les mêmes trucs insipides et tu fais ALT+TAB pour lire tes mails. Le logiciel d'Upwork prend une capture d'écran et le client peut contester l'heure entière, alors que tu n'as passé que quelques secondes pour jeter un coup d'œil à tes mails.

Et gardez à l'esprit cette règle d'Upwork, le prestataire a toujours tort. Dans tous les cas de figure, le client est toujours le plus avantagé, ce qui crée un rapport de soumission énorme entre les clients qui peuvent imposer tout et n'importe quoi. Avec mes premiers vrais clients sur Upwork, j'ai quand même eu de la chance.

Le premier était un Marocain, travaillant pour une agence. Il gérait plusieurs sites web et au bout de quelques couacs sur les articles que j'avais soumis, cela s'est passé sans aucun problème. À l'heure où j'écris ces lignes, le blog existe encore et cela s'appelle Androidra.fr. C'était des petits articles d'actualité sur Android et j'étais payé 2 à 3 dollars pour les 300 à 500 mots. C'est insignifiant, mais c'était mieux que rien.

Le second client que j'ai eu, ça c'était encore une chance inouïe, car j'ai travaillé avec lui jusqu'en 2020. C'est seulement à la mi-2020 que je n'ai pas totalement arrêté, mais disons que j'ai dû rapidement trouver « d'autres opportunités professionnelles ».

Pourquoi accepter des salaires aussi bas. Car quand vous débarquez sur Upwork, vous ne serez pas comme j'étais chez Rédaction.tv. Vous n'avez pas de formation au préalable, personne pour vous tenir la main et la moindre erreur se paie cash. Donc, pour vous faire la main, vous devez accepter les boulots les plus mal payés, car sur Upwork, ce n'est pas la qualité de vos articles qui compte, ni les prix que vous obtenez, mais la note.

La dictature de la note sur Upwork

La dictature de la note n'est pas un concept propre à Upwork, mais une norme de ce qu'on appelle la Gig Economy, un truc, vendu à tue-tête par les chantres néolibéraux. Freelancing, liberté, souplesse, autant de mots, car fondamentalement, c'est une économie des petits boulots. Les notes sur TripAdvisor, sur Yelp, sur Airbnb, sur Uber.

Des restaurants et des hôtels ont fait faillite, car un péteux ou une pétasse a eu une mauvaise expérience. N'oubliez jamais que ceux qui sont contents du service ne vont jamais le dire ou très rarement. Mais sur Upwork, la note est littéralement le critère suprême. Vous pouvez être un très mauvais rédacteur, mais si vous arrivez à avoir des bonnes notes, alors vous devenez magiquement le meilleur.

C'est la même chose pour le client. Et le calcul de la note est totalement pourri. Car vous avez pu avoir 100 clients et avoir 5 sur 5, il suffit d'un seul client qui vous laisse 4/5 pour que l'ensemble de la note passe à 4,5 et c'est déjà un mauvais signe. Il faut une seule mauvaise expérience pour baisser la note, mais une dizaine de bonnes expériences pour la faire remonter.

Et cette dictature de la note est totalement symétrique. Imaginons que vous êtes un débutant dans la rédaction web et que vous trouvez un client. J'expliquerais plus tard comment reconnaître un bon client. Mais on va dire qu'il a tout ce qu'il faut. Vous passez le contrat, vous faites le travail et vous n'êtes pas satisfaits tous les deux. Si le client possède une note de 4,5 et que vous lui mettez un avis négatif, alors il passera à 4.

Et donc dans de nombreux cas, il préférera avaler la pilule en proposant une bonne note mutuelle. Dans la plupart des cas, c'est comme ça que cela se passe. Et les deux vont donner 5 sur 5. Le gros problème est que cela détruit totalement l'objectif de la note à la base, qui est d'évaluer objectivement la prestation.

Et donc, on se retrouve avec une soupe totalement pourrie où on se ment constamment sur ses notes respectives. Donc, les rédacteurs médiocres continuent à proliférer et les clients ne disent rien. Je vous raconte une histoire. Une fois, un client me propose une tâche de traduction. C'est un développeur qui voulait traduire son application et en général, il va vous fournir une feuille Excel avec les mots à traduire et vous les remplissez dans une seconde colonne.

Le travail faisait à peu près 10 000 mots et on a réussi à trouver un arrangement à environ 7,5 dollars pour 500 mots. Je parlerais plus tard du genre de prix que vous pouvez trouver sur Upwork, mais si vous croyez les sites « professionnels » de rédaction web qui vous promettent du 50 euros pour 1000 mots, c'est que vous êtes vraiment idiot.

Ce type de tarif n'existe que dans l'imagination de certains blogueurs parasites qui n'ont jamais fait une seule rédaction de leur vie. Donc, je fais la tâche et je remarque que cela fait plus autour de 12 000 mots que de 10 000. S'il y a 500 ou 700 mots de plus, dans un contrat de 10 000, je vais grimacer, mais je vais laisser pisser.

Mais je le lui fais quand même remarquer. Il n'a pas fait mine de comprendre. Mais au moment de finaliser le contrat, donc, moi je livre la traduction et lui, il effectue le paiement, je l'ai vu me répéter qu'il fallait que je donne un 5 sur 5 sur le Feedback (c'est la note). Bon moi, à la   base, je voulais quand même mettre dans le Feedback, l'histoire des deux mille mots en plus, mais je me suis dit que le paiement a été quand même effectué.

Mais cela m'a pris quelques jours pour faire le Feedback, car j'étais trop occupé à ce moment. Et quelle ne fut pas ma surprise de voir ce client, m'envoyer plusieurs messages et même me contacter via un formulaire d'un de mes sites, pour me dire qu'il faut que je donne une bonne note. Il pensait que mon retard sur le Feedback impliquait que je lui balance une crotte de nez à la dernière minute.

Ce client était présent sur Upwork depuis 2 ans et il avait déjà dépensé plus de 80 000 dollars sur la plateforme. Donc, c'est un gros profil, mais je l'ai vu apeuré pour une note de merde, car petit à petit, elle se grignote et après, personne ne fait affaire avec vous.

Il faut qu'on réfléchisse une bonne fois pour toutes de mettre fin à la dictature de la note. Quand vous allez dans un restaurant ou un quelconque établissement, n'essayez pas de prendre votre cas pour une généralité.

Tout le monde peut avoir une journée de merde et être d'humeur de chien. Peut-être que vous êtes tombé au mauvais moment et vous risquez de détruire la réputation de quelqu'un parce que vous avez écrit sous le coup de la colère.

Ce n'est pas un hasard si les sites d'avis ou les pages jaunes sont remplies d'avis négatifs, car ce sont toujours les déçus d'un service qui s'expriment. Après, si vous vivez un mauvais service, 5 fois de suite et que vous voyez que c'est la norme, alors là, on peut mettre une mauvaise note.

La note dans le web 2.0 est devenu un mantra absolu, qui n'a aucune objectivité. Elle n'a aucune pertinence. J'ai vu des clients, avec des 5 sur 5, être de vraies raclures et parfois, des clients qui débarquaient sans aucune expérience, mais qui permettaient de faire de bonnes affaires. Personne, aujourd'hui, n'a une bonne opinion sur Upwork.

Les prestataires sont baisés, les clients sont baisés, en fait, comme le disait Mel Gibson dans Arme Fatale, tout le monde est baisé ! Et si ce n'était que ça, car il faut aussi parler du véritable racket avec les commissions d'Upwork, mais aussi des arnaqueurs que vous pouvez trouver dessus.

Arnaques et commissions hallucinantes sur Upwork

Les prestataires dans les pays pauvres sont vraiment exploités de toutes les manières. Concernant les arnaques sur Upwork, cela a commencé à apparaître après la fusion entre oDesk et Elance. À l'époque d'oDesk, l'ambiance était vraiment intéressante. Et pour être honnête, les meilleurs clients que j'ai eu datent d'oDesk. Surtout, celui avec qui j'ai travaillé pendant plus de 7 ans.

L'arnaque est toujours la même, cela concerne le travail gratuit. Notons que je ne jette pas la pierre à Upwork, ils tentent de faire de leur mieux, mais ils sont systématiquement à la ramasse. Dans les règlements de la plateforme, tout travail gratuit est interdit. Je me suis fait avoir plusieurs fois.

Comment ça se passe ? Vous voyez une offre d'emploi alléchante et même trop alléchante. Vous allez avoir des dizaines de candidats pour la tâche. Mais le « client » peut vous contacter. Le prix est correct, la livraison aussi. Mais il vous dit que comme c'est très bien payé, il veut être sûr de votre qualité de rédacteur et il vous demande d'écrire un texte sur un sujet.

Innocent comme vous êtes, vous allez accepter, car vous êtes assoiffé par le contrat. Car sur Upwork, la férocité entre les prestataires n'a rien à envier aux lions dans les arènes romaines. C'est sans pitié et chaque centime est gagné à la sueur, au sang et aux larmes. N'est-ce pas qu'il fait rêver, le métier de rédacteur web ?

Donc, vous allez lui fournir le texte et il va simplement rompre l'entretien. Car le contrat n'a pas été signé. Sur Upwork, tout se base sur le contrat. Vous pouvez discuter autant que vous voulez avec le client, papotez et vous raconter vos vies et vos journées de confinement, mais ne faites aucun travail sans un contrat. Bien sûr, un contrat avec un prix fixe, en général, vous allez être payé, mais ce n'est pas totalement sûr. Mais sans contrat, vous n'aurez aucune preuve à montrer en cas de litiges à Upwork.

Donc, cette crapule va faire de même avec une dizaine de candidats et hop voilà, il a 10 textes gratuits qu'il peut ensuite les revendre. Le pire est que ces escrocs pouvaient nous piéger avec des profils en béton armé. Une présence longue sur la plateforme, beaucoup d'argent dépensé, le mode de paiement vérifié, etc.

Mais c'est une des facettes de ce piège. La plupart de ces arnaqueurs viennent du Maghreb et de l'Europe de l'Est. Maroc, Tunisie, Algérie, Roumanie, Bulgarie, mais aussi Pologne. Mais j'ai vu aussi beaucoup d'escrocs du Canada. Leur truc est qu'ils travaillent en bandes.

Prenez un groupe de dix personnes, cinq vont s'inscrire comme des prestataires et cinq vont s'inscrire comme des clients. Ensuite, pendant quelques semaines, ils vont se faire un contrat entre eux et oui, ils dépensent de l'argent, mais c'est le leur, donc, ils ne perdent rien. Le seul objectif est de donner une fausse fiabilité sur le profil, notamment sur la note.

Et une fois qu'ils ont une belle réputation, là, ils vont alpaguer des prestataires pour leur arracher du travail gratuit. Cela vous donne une idée de la prestation 2.0 où déjà on gagne moins de 5 euros pour 500 mots, mais en plus, même ça, c'est trop cher pour qu'on se fasse arnaquer par ces putains de crapules.

Ces pratiques ont cessé ces derniers temps, mais faites toujours attention. Soyez vigilant aux signes et le seul vaccin est aucun travail sans contrat signé. De même, Upwork déconseille aussi de travailler à l'extérieur de la plateforme. Évidemment, c'est pour garder tout le monde dans son escarcelle et empocher les précieux pourcentages. Mais surtout, en dépit des inconvénients d'Upwork pour des prestataires en termes de prix et d'exploitation outrancière, elle s'assure que vous serez payé.

Vous pourrez centraliser tous vos contrats et vos clients. Même si aujourd'hui, avec du recul, je me demande si ce n'est pas mieux de travailler directement avec des clients sans aucun intermédiaire. Cela semble du bon sens, mais vous ne savez jamais sur qui vous allez tomber.

De plus, si vous avez affaire à des mauvais payeurs, par définition, ils seront dans d'autres pays et bonne chance pour leur courir après.

Cependant, si vous avez la chance de trouver des clients réglos, qui paient rubis sur ongle et en temps voulu, alors gardez-les précieusement, car ils sont très rares de nos jours.

Ma propre situation personnelle avait changé depuis j'étais sur Upwork. Ma mère et moi, avions emménagé dans un petit appartement. Bon, c'est une baraque pourrie, mais nous étions tranquilles, car disons que cela n'allait pas du tout avec le reste de la familia. Il fallait qu'on se sépare. Ma mère m'aidait financièrement et elle était à l'âge de la retraite.

C'était à moi de subvenir à ses besoins, les parents se reposent et les fils doivent leur offrir une vie meilleure. C'est comme ça qu'on m'a élevé et j'en suis fier. Ma mère faisait des petits boulots à droite et gauche comme du service traiteur, des tâches religieuses, mais c'était payé de la merde. Comme quoi, le Freelancing, à tout âge, c'est toujours de la bouse.

Mais au fil du temps, c'est moi qui subvenais aux besoins de la famille. Mais comme le Freelance est précaire par définition, c'est-à-dire que 1 mois, je pouvais gagner 200 dollars, mais le mois suivant, ce n'était même pas 10 dollars, alors autant dire qu'elle m'aidait du mieux qu'elle pouvait. Et moi, j'étais acharné à réussir. Mon principal client me faisait confiance et j'essayais de diversifier les contrats.

Car c'est une chose que vous devez apprendre à faire. L'idéal est d'avoir plusieurs clients fiables parce qu'il n'y a pas de CDD ou de CDI dans le Freelancing. Le contrat peut se terminer du jour au lendemain, vous devez à la fois compenser le passé et être sur le qui-vive pour l'avenir.

Le Freelancing est le statut le plus stressant qui existe, car comme vous n'avez aucun avenir, vous serez prêt à accepter tout ce qu'on vous propose, des chaînes au cou et aux pieds, pas de problème, patron !

Mais on en parlera plus tard, car après les arnaques, vous avez les commissions d'Upwork. Quand vous êtes nouveau sur Upwork, ce dernier vous prendra 20 % de commission. Oui, ça fait mal et cela se base pour chaque client.

La rapacité d'Upwork est brillante, car il pourrait proposer un pourcentage de la commission, basé sur les transactions au total que vous avez réalisé sur la plateforme. Mais non, c'est par client et donc, ils savent très bien qu'on n'aura jamais beaucoup clients à long terme, donc, on va casquer les 20 % d'une manière ou d'une autre.

Les tranches de commission sont les suivantes : 20 % pour 0 à 500 dollars, 10 % pour 500 à 10 000 dollars et 5 % pour plus de 10 000 dollars. Cela signifie que si vous voulez avoir la commission à 10 %, alors vous devrez atteindre le pallier de 500 dollars, mais attention, c'est uniquement valable pour ce client en question. Et si vous signez avec un autre client, alors ça repart à 20 % et ainsi de suite.

Il est très difficile d'atteindre des milliers de dollars sur Upwork, car c'est une plateforme, conçue pour la précarité extrême et la « mobilité ». Dans le Freelancing, le long terme est découragé et combattu férocement, car cela vous permet de vous mettre dans un état d'infériorité. Si vous allez voir mon profil sur Upwork, je suis ce qu'on appelle un Top Rated.

Car dans le monde joueur et bon enfant du Freelancing, le Badge est aussi très utilisé avec la note. Le Top Rated ne me donne aucun avantage particulier, mais ce petit badge sur mon profil, montre que je fais partie des 10 % meilleurs rédacteurs web sur la plateforme. Je totalise un revenu de 30 000 dollars à l'heure où j'écris ces lignes, car justement, cet excellent client dont je vous parle, gère de gros site et qu'il a toujours besoin de textes.

Ce qui fait que ma commission est de 5 % avec ce client en particulier, car mon revenu, avec lui, est de 11 000 dollars et des poussières. Mais le reste de tous mes contrats sont inférieurs à 500 dollars et il y en a un autre qui était à 3 700 dollars. Et donc, malgré le fait qu'on me dise que je suis l'un des meilleurs, je casque toujours ces putains de 20 %.

Le badge Top Rated s'obtient avec les meilleures notes dans chaque contrat, mais aussi en fonction des notes des tests que vous avez passé, tests dont j'ai parlé quand vous vous inscrivez sur la plateforme. Ces tests ne payent pas de mine, mais ils rajoutent des poussières ici et là dans la construction de vos profils.

Donc, ne vous focalisez pas dessus, mais évitez aussi de les négliger complètement. Ils ne vous permettront pas de décrocher des contrats par magie, mais dans le monde du Freelancing, tout peut aider. Ensuite, on a les modes de paiement. Upwork propose Paypal que je peux oublier, mais aussi le virement bancaire internationale et Payoneer.

J'utilise le virement bancaire international et le coût de virement est de 30 dollars. Et dire que certains se plaignent des commissions sur leur Tipeee de merde. 30 dollars pour un putain de virement, c'est le plus cher et j'ai vérifié auprès des autres plateformes similaires. C'est 25 dollars chez Freelancer et Guru.com est le moins cher avec 9 dollars. Je pourrais accepter 9 dollars, mais 30 dollars, c'est vraiment du vol.

Donc, imaginez que vous obteniez un nouveau contrat de rédaction web sur Upwork qui vous rapporte 100 dollars et que vous utilisez le virement bancaire comme paiement. 20 % dans la poche d'Upwork, donc, il vous reste 80 dollars et 30 dollars pour le virement, et hop, voilà vos 50 dollars, merci et bonne journée !

Cela signifie que des intermédiaires-parasites piquent littéralement 50 % de vos revenus, alors que vous êtes déjà payé une misère. Il est beau, le Freelance, je vous le dis, il est booooo ! Mais comme Upwork domine le secteur, surtout des prestataires pays pauvres, on ne peut rien faire.

C'est une entreprise américaine et pour porter l'affaire devant la justice, il nous faudrait aller devant la justice américaine qui doit se trouver à Pétaouchnok.

On est obligé de subir les conditions de ce type de plateforme, car elle est dans la même mentalité que les GAFAMs, casser les prix pour avoir le monopole et ensuite, esclavagiser tout le monde. C'est pour ça qu'il ne faut pas mettre tous ses œufs dans le panier.

Car à côté de mon boulot de rédacteur web, je gère aussi des blogs et on va parler des blogs et de ce superbe Google Adsense qui nous rapporte que dalle à chaque mois qui passe.

L'âge d'or des blogs et l'arnaque absolue de Google Adsense

J'ai mentionné que lorsque j'ai commencé la rédaction web chez Rédaction.tv, c'était pendant une crise politique et j'ai fait mon baptême de blog avec du contenu politique. Et depuis cette époque, je n'ai jamais cessé de créer et de gérer les blogs. Nombre de mes clients sur Upwork vous donnent accès à leurs blogs, généralement sous Wordpress, pour que vous publiiez directement dessus.

Et c'est là un conseil important que je vous donne, ne vous enfermez pas dans les rédactions des autres. Ce que je veux dire que vous devez avoir un blog ou un espace d'expression à côté. Cela possède deux objectifs, d'une part, cela vous permettra d'améliorer votre écriture.

Depuis 11 ans maintenant, j'ai écrit des milliers d'articles pour mes blogs et souvent, cela ne m'a jamais rapporté le moindre centime. Je le fais parce que j'aime écrire et que souvent, des pensées tourbillonnent dans ma tête et qu'il faut que j'en fasse une thérapie par écrit.

D'autre part, votre blog est votre CV de rédaction web. J'ai postulé à des dizaines d'offres de rédaction web et il est très rare qu'on me demande mon CV. Le CV dans les métiers 2.0 fait partie de la préhistoire. Certains vous le demanderont comme un réflexe, mais ils s'en foutent.

Ce qui les intéresse est votre capacité d'écriture et votre polyvalence à traiter tel ou tel sujet. Généralement, un rédacteur web doit pouvoir écrire sur tous les sujets. Je peux écrire sur le poker, les jeux d'argent, le VPN, le bricolage, les guides d'achat, les tests de produit. En fait, rien ne peut m'arrêter si j'ai une bonne documentation.

Petite parenthèse, chez Rédaction.tv, on nous fournissait une grosse documentation pour nos textes. Et dans mes conseils aux rédacteurs, je dirais que la documentation est l'aspect essentiel d'un bon texte. Cela semble du bon sens, mais les gens l'oublient souvent.

Et quand vous écrivez sur votre blog, soyez naturel. Si vous devez faire des fautes, faites-les, ne vous forcez jamais à livrer votre meilleur texte, car c'est impossible. Parfois, vous ferez de très beaux textes, parfois, ce sera de la merde. Un cuisinier ne réussit pas tous ses plats.

Ce blog ou votre propre espace d'expression va permettre aux clients de rédaction web, d'éviter le syndrome de la femme fatale. Oui, c'est un syndrome que j'ai inventé. Imaginons une femme qui veut aller à une soirée. Elle s'habille bien, se maquille, se parfume et va ensuite dans une soirée pour lever ou pour se faire lever par quelqu'un.

Elle chope quelqu'un, termine la nuit avec lui et le mec a vu de la belle marchandise. Mais le lendemain, il voit une espèce de pouffiasse ébouriffée, la voix rauque et le mec se demande qui est cette sorcière qui est sortie des abysses.

Quand un client demande à un rédacteur web d'écrire un texte, celui-ci va y mettre tout son cœur. Il va le fignoler dans les moindres détails, il sera parfait, sans aucune faute d'orthographe ou de grammaire. Le client va dire : « Oh putain ! Ce texte est génial, je l'engage tout de suite ». Et ensuite, la routine s'installe. Le client, effaré, découvre que les prochains textes sont mauvais, mal faits et qu'ils ne sont pas aussi parfaits que le premier.

C'est une forme de mensonge qui peut coûter cher. En revanche, si vous avez un blog et que vous avez une manière naturelle d'écrire avec tous ses perfections et imperfections, vous pouvez simplement envoyer le lien au client et lui dire : « Écoute, voilà ma qualité ». Je ne peux pas faire plus, si cela te plaît, faisons affaire sinon au revoir et merci ».

C'est sûr que vous aurez peu de clients de cette manière, mais au moins, ceux qui seront intéressés, ne seront pas déçus sur le long terme. La rédaction web sous-traitée a subi ce fléau de la femme fatale de plein fouet et c'est pourquoi, les clients préfèrent directement recruter en Europe.

Un troisième avantage avec les blogs est que vous pouvez monétiser votre propre contenu. Même si gardez à l'esprit que cela représentera à peine 10 à 20 % de votre revenu, quand je vois mes 11 ans d'expérience dans les blogs et les sites web.

Je suis un vieux de la vieille. « J'étais là il y a 3 000 ans », bon, pas 3 000 ans, mais j'étais présent à l'époque de l'âge d'or des blogs avec Korben, Gonzague ou Presse-Citron. Korben, à l'époque, était le plus gros blog technologique de France avec plus de 100 000 visites par jour. N'essayez pas de devenir comme lui, seuls quelques élus, par pure chance, atteignent ce statut.

C'était l'époque de Wikio, disparu en 2011, qui était une plateforme de classement des blogs. Et tout le monde se battait pour être les premiers à coups de liens avec les copains blogueurs et tout le tintouin. Beaucoup de gens disent que les blogs sont morts. L'âge d'or est définitivement terminé, car les réseaux sociaux ont pris leurs places.

Mais les blogs sont devenus des sites comme les autres. À la base, Blog vient du mot Weblog qui signifie littéralement journal numérique. Et c'était des gens qui racontaient leurs vies. Pendant le confinement, j'ai vu certains vieux blogs, reprendre vie, où les gens racontaient leurs journées à la maison, comme quoi, ils n'ont pas disparu.

Pour le rédacteur web, le blog est indispensable, bien plus qu'un compte Twitter ou Facebook. Car pour moi, ceux qui font les métiers des réseaux sociaux, les fameux Community Managers sont des Glandeurs 2.0. Ils vont semblant d'inventer tout sortes de termes compliqués pour justifier leur importance, mais ça sonne creux comme une baudruche à l'intérieur.

De plus, le contenu que vous publiez sur les réseaux sociaux ne vous appartient pas. Il appartient à Facebook et Google qui peuvent le supprimer quand ils le veulent. Les blogs sont plus résistants. Pour des rédacteurs web à Madagascar et dans les pays pauvres, ils diront qu'ils n'ont pas d'argent pour se payer un nom de domaine et un hébergement.

Ce n'est pas nécessaire, Blogger de Google ou Wordpress proposent des blogs gratuits. Personnellement, je recommanderais Blogger, car d'une part, Wordpress est devenu trop marketing et c'est une véritable usine à gaz de merde (je parle de Wordpress.com) et surtout, avec Blogger, vous êtes libre de faire ce que vous voulez en insérant du code et autre. Le JavaScript est très limité sur la plateforme Wordpress.com, donc, vous ne pourrez pas mettre de la publicité par exemple.

Oui, Blogger appartient à Google, mais vous serez beaucoup plus protégé que sur un compte de réseaux sociaux. Mon blog d'auteur où je parle de mes livres se trouve sur un blog sous Blogger. Si je disparais un jour, c'est toujours une graine d'immortalité qui reste.

Concernant la monétisation, vous avez trois principaux moyens. La publicité avec Adsense, l'affiliation et les articles sponsorisés.

La majorité des blogs vont utiliser une combinaison des trois. Mais 80 % vont utiliser Adsense. Pourquoi ? Parce que c'est facile à mettre en place, quasiment tout le monde peut s'inscrire et les modes de paiement conviennent à tous les pays (enfin presque). Si vous ne le connaissez pas, le principe d'Adsense est de proposer des publicités ciblées selon votre contenu. Je l'ai déjà expliqué avec Google Panda.

Si vous parlez de voyages, alors vous aurez des publicités de voyage, si vous parlez de chaussures de femme, alors vous aurez des boutiques de chaussure, etc. Comment ça marche, c'est un algorithme, un code JavaScript que vous mettez sur votre page.

Ce code va analyser les requêtes et les mots-clés et afficher des publicités pertinentes en conséquente. Ça c'est en théorie.

En pratique, vous aurez surtout des publicités poubelles, vous vantant les dons de voyance de certaines dames, de sites de rencontre en Afrique et de vous demander si vous connaissez réellement Jésus.

Car Adsense se base sur les annonceurs qui vont se battre pour s'arracher les mots-clés les plus chers et les plus pertinents. Et comme il y a des millions de sites qui sont vos concurrents directs, si vous n'êtes pas parmi les meilleurs sites, alors vous aurez du tout-venant.

Les genres de publicité que je viens de citer, servent simplement à remplir vos espaces publicitaires et rapportent très peu d'argent. Adsense vous rémunère sur le CPM et CPC, qui signifie le coût pour mille impressions et le coût par clic.

Oubliez le CPM, car cela rapporte que dalle. Le CPC est des sous que vous gagnez quand quelqu'un clique sur la publicité Adsense qui est sur votre page.

Les sous en question sont variables selon la valeur du mot-clé. Cela peut être le jackpot comme la Bérézina. Selon le site SemRush et sur les contenus aux États-Unis, le CPC le plus élevé est les assurances. Ainsi, la requête « Insurance » coûte environ 17 dollars.

Cela signifie que si vous avez un blog avec la requête Insurance, qui est bien placé et que quelqu'un clique sur la publicité en question, vous gagnez 17 dollars pour un clic. Mais ce n'est pas aussi facile, mon mignon.

Car le CPC varie selon les pays, les mois de l'année et plein d'autres paramètres. Par exemple, dans mon cas, le CPC varie entre 0,08 et 0,10 euros, oui, ce n'est pas fameux. Car les sites que je gère ne sont pas optimisés pour Adsense et pour être honnête, vous n'aurez jamais de clic qui vous rapporte au-delà de 1 euro, même si vous y mettez de tout votre cœur.

Jusqu'en 2016, Adsense me permettait de mettre de la margarine dans mes épinards. Mais depuis, c'est la chute libre. Plusieurs raisons en sont à l'origine. La première est que le trafic des blogs a été cannibalisé au profit des réseaux sociaux. Les annonceurs vont davantage sur Facebook plutôt que sur Google.

Ensuite, vous avez la généralisation des bloqueurs de publicité, qui représentent 50 % de pertes de revenu. Je ne vais pas être pour ou contre les bloqueurs, chacun fait ce qu'il veut et même moi, je les utilise sur des sites qui vont mettre 100 publicités sur leurs pages.

Mais à de nombreuses reprises, on a vu clairement Google qui sacrifiaient des éditeurs Adsense pour s'en mettre plein les fouilles.

Il y a toujours des théories du complot qui circulent sur ce sujet. Des lettres postées par des prétendus employés d'Adsense, qui nous disent que dès qu'un éditeur gagne trop d'argent, Google suspend son compte pour n'importe quel prétexte. L'objectif étant que les éditeurs Adsense restent sous le seuil minimum de la misère et qu'ils continuent à créer du contenu, à des prix aussi bas que possible.

Quelle est la part de vérité là-dedans ? Je dirais 50 %. En fait, dès que votre site va commencer à rapporter un peu trop d'argent, vous aurez une surveillance plus accrue d'Adsense. Car attention, Adsense est draconien sur son règlement. Si vous comptez mettre de la publicité Adsense sur vos blogs, passez quelques jours à lire tout le règlement.

Il y a beaucoup de choses qu'on ne peut pas monétiser comme le contenu pornographique, les jeux d'argent, le tabac, les insultes, la propagation haine, etc. La liste est longue comme le bras et ne comptez pas trouver un contact humain chez Adsense. Je pense que l'équipe est composée de macaques et de chats sadiques qui font tout par automatisme.

Jusqu'en 2016, avec 4 ou 5 sites, je totalisais autour de 50 000 pages vues par mois. Cela me rapportait entre 150 et 200 euros chaque mois. Ce n'est pas beaucoup, mais cela permettait de payer le loyer s'il n'y avait pas de boulot de rédaction web. À partir de 2017, j'ai vu une descente régulière de mes revenus alors que le nombre de visites restait le même et qu'il avait même tendance à augmenter.

On est clairement dans l'ubérisation où on te force à créer plus de contenus, pour avoir le même revenu publicitaire alors qu'il devrait augmenter. Mais j'ai vu la rapacité et la sournoiserie de Google le 25 mai 2018. Ceux qui sont sur le web 2.0 connaissent cette date. C'est l'entrée en application de la RGPD (Règlement Général sur la Protection des Données).

Cette montagne d'excréments, proposée par l'Union Europe qui veut que toutes les données des utilisateurs soient protégés avec un contrôle sur ce qu'on appelle les publicités ciblées. Car Google, étant un monstre absolu, n'utilise pas uniquement la relation mots-clés et publicité. Il utilise aussi les données personnelles de ses utilisateurs.

Par exemple, si vous cherchez des voyages pas cher au Maroc, alors attendez-vous à subir une tonne de publicités sur des voyages à Marrakech dans les jours qui suivent. De même, Google utilise aussi les données de son navigateur Chrome, ceux que vous téléchargez sur Google Play et ainsi de suite.

En fait, du moment que vous utilisez un service Google, l'entreprise va utiliser les données pour créer un profil publicitaire, qu'on appelle une publicité ciblée.

Le RGPD interdit cette pratique, à moins d'avoir le consentement Express de chaque utilisateur. Et le 26 mai 2018, mes revenus Adsense ont été décapités de moitié. Qu'est-ce qui s'est passé ? En fait, Google a utilisé le prétexte du RGPD pour couper exprès les marges des éditeurs dans sa mentalité d'ubérisation.

Car on sait aujourd'hui que très peu de GAFAMs respectent le RGPD à la lettre. De plus, l'Union Européenne ne va pas les poursuivre avec une batte de base-ball, le lendemain de sa mise en application, merde !

Google a utilisé ce règlement pour plonger davantage les éditeurs dans la pauvreté. Et après cette période, mes revenus Adsense n'ont jamais été plus les mêmes. Certains éditeurs ont perdu jusqu'à 90 % de leurs revenus à cause de ce hold-up caractérisé et tout le monde s'en fout.

Et qu'on ne vienne pas me parler de la RGPD comme d'une évolution. C'est juste une énorme montagne de merde bureaucratique qui permet à des fonctionnaires, payés 15 000 euros par mois, de faire croire qu'ils protègent les Européens. Personne ne respecte ce foutu règlement, Facebook a dit Non et Google a trouvé des parades.

Non, ceux qu'on fait chier est les pauvres blogueurs qui gagnent 50 euros par mois pour qu'ils mettent une putain de page de confidentialité et de dire comment ils doivent demander l'autorisation d'implanter des cookies à l'utilisateur.

Aujourd'hui, le résultat de la RGPD est que vous arrivez sur un site, vous cliquez simplement sur OK pour accepter les cookies et basta !

Bravo pour la protection de la vie privée des utilisateurs. Cela permet à des avocats de s'en mettre plein les poches et l'avènement d'une bureaucratie hors norme qui ne comprendra jamais rien à la technologie !

Et en 2020 , on a eu la crise du COVID-19 et mes revenus Adsense ont été encore divisés par deux. C'est-à-dire que depuis plusieurs mois, je n'arrive même pas à atteindre les 70 euros nécessaires pour déclencher le paiement. Adsense a été une bonne alternative jusqu'en 2016, mais aujourd'hui, si vous lancez votre blog, réfléchissez-y à deux fois.

Un autre aspect de la disparition progressive d'Adsense est qu'ils se sont mis à tout automatiser. Autrefois, vous aviez des dossiers complets pour savoir comment placer manuellement les annonces pour générer le maximum de clics.

Depuis 2 ans, Adsense a lancé les annonces automatiques. Et en gros, vous insérez un seul code sur votre page, et il se charge de mettre automatiquement les annonces sur les endroits appropriés.

Et évidemment, automatisation oblige, les résultats sont catastrophiques. Et même quand on tente de le faire à l'ancienne, Adsense vous tannera matin, midi et soir pour que vous passiez aux annonces automatiques.

Après Adsense, on a l'affiliation. Le principe est différent. Vous mettez des liens affiliés sur vos sites et si quelqu'un effectue un achat par votre intermédiaire, alors vous gagnez une commission.

Amazon propose de l'affiliation et de nombreux sites web l'utilisent.

Personnellement, je n'ai jamais eu le moindre succès avec l'affiliation. Il faut énormément spammer et optimiser à mort son contenu, car la concurrence est rude.

Si vous utilisez Wordpress, il existe des plugins comme AAWP (Amazon Affiliate WordPress Plugin) qui est payant, autour de 39 euros par an pour un site, qui vous permettent d'afficher des produits de différentes manières.

Par exemple, vous pouvez afficher les meilleures ventes Amazon selon un mot-clé et c'est la principale technique utilisée pour faire un guide d'achat par exemple.

Pour ceux qui vivent dans les pays pauvres, attention au mode de paiement par l'affiliation d'Amazon. Il faut un compte bancaire européen et on en parlera dans les conseils de rédaction web avec un mot sur Payoneer qui vous permettent d'avoir des genres de comptes bancaires virtuels.

Ensuite, on a les articles sponsorisés. Alors eux, ils sont très rares et Google ne les aime, mais alors, pas du tout. Vous pouvez mettre des articles sponsorisés à condition de mettre la mention sponsorisée et que les liens soient en No-Follow.

Cela signifie que les liens ne sont pas comptabilisés par Google quand il utilise le PageRank sur votre site. Le PageRank, est la principale mesure utilisée par Google. Plus il y a de liens sur votre site, plus on considère que votre site a de l'autorité. Le PageRank n'est plus aussi pertinent aujourd'hui, mais il n'est pas abandonné totalement.

Le prix d'un article sponsorisé varie de 100 à 150 dollars. Et même sur eux, on assiste à une baisse drastique des prix. Je ne sais pas ce qui se passe, mais depuis 2018, le web et tous ses acteurs se sont appauvris à une vitesse effarante.

À une époque, 150 dollars pour un article ne faisait ciller personne, aujourd'hui, le client va vous regarder d'un œil ricanant en disant : « Tu plaisantes, j'espère ». Les articles sponsorisés, vous n'en aurez que très rarement. C'est un bonus et non une véritable option de monétisation.

Mais en tant que rédacteur web, vous devez garder à l'esprit ces trois monétisations, mais sachez que le blog est d'abord votre CV. De plus, avec des plateformes comme Blogger, créez plusieurs blogs.

Quand j'ai commencé ma « carrière » de blogueur, j'avais fait l'erreur de tout mélanger. Mais c'est préférable d'avoir plusieurs blogs pour compartimenter les sujets d'intérêt. Déjà, les moteurs de recherche vont vous apprécier, car votre blog sera spécialisé et vous pourrez parler de politique, de jardinage et de comparatif de téléphone sans que cela choque personne.

Mes conseils aux rédacteurs web

Ces conseils ne sont pas un guide pratique, je ne vous garantis rien, je ne suis pas ici pour vous vendre la méthode en 10 leçons, pour devenir un rédacteur web. Je vous dis simplement les conseils qui se sont imposés à moi, par la force des choses. Je parlerais brièvement aussi des formations de rédaction web qu'on voit fleurir sur le web. Mon conseil : Si elles sont payantes, alors c'est de la merde !

Lisez énormément

C'est un conseil qu'on voit systématiquement pour ceux qui sont concernés par n'importe quel métier d'écriture. Ce livre est mon quatrième et si on m'avait dit que j'écrirais quatre livres en l'espace de 2 ans, je lui aurais ri au nez. Et j'aimerais revenir à ma genèse où je courrais chaque jour au CCAC pour lire tout et n'importe quoi.

Lisez constamment, des livres, des magazines et c'est comme ça que vous enrichirez votre vocabulaire. Je déconseille de lire systématiquement les articles web, car on est aujourd'hui dans l'écriture algorithmique. C'est-à-dire une écriture, concise à souhait, barbare et fondamentalement creuse. Ces articles sont juste là pour vous vendre quelque chose.

Cette écriture algorithmique fonctionne par onomatopée, des espèces d'injonctions, ce n'est plus de l'écriture. La faute à des rédacteurs web de mauvaise qualité, mais aussi tout le monde veut être le premier sur Google. Et les directives de Google sont claires : Soyez aussi tranchant que le couteau et aussi bref qu'un vendeur de café.

Vous pourriez me dire : « N'est-ce pas ce qu'on attend d'un rédacteur web? » Oui, si vous voulez juste devenir un pisseur de mots comme des milliers d'autres sur le web. Vous le trouverez à Madagascar, au Maroc, en France, en Indonésie, aux Philippines, en Chine. Toute le chapitre sur les blogs, je l'ai écrit parce que je considère que c'est l'évolution naturelle d'un rédacteur web.

D'abord, il commence par écrire pour les autres, pour gagner sa pitance. Ensuite, il écrit pour lui-même, car il a des choses à dires et enfin, il raconte des histoires pour devenir un écrivain. De plus, au cours des dernières années, j'ai ressenti un vide énorme dans la partie créative de mes textes.

La fibre se cassait et je sentais que le filon s'épuisait énormément. Évidemment à force d'avoir écrit pendant 11 ans sans s'arrêter, ça épuiserait n'importe qui. La montagne de livres que j'ai lu pendant mon enfance, m'a donné un avantage qu'aucune formation ou un diplôme ne vous donnera jamais. Et quand vous sentez que vous en panne d'inspiration, retournez aux livres.

Les livres anciens, des romans ou peu importe, mais choisissez les anciens auteurs. Car ils n'avaient pas Google pour leur dire comment écrire, emmagasinez le maximum de styles pour refaire le plein.

Le confinement m'a aidé dans ce sens, car je m'étais déjà mis à la lecture un peu avant. Mais j'ai abandonné toute forme de divertissement, notamment les séries, les films et toutes ces merdes qui sont chronophages et je passe mes soirées à lire. Du Lovecraft, du King et de Werber et dieu que c'est bon.

Lisez énormément et patientez que ces écrivains déteignent sur vous.

Par où commencer ?

Vous voulez devenir rédacteur web et vous êtes à la recherche de clients. Par où commencer ? Déjà, est-ce que vous avez tous les outils à votre disposition. Un compte bancaire est quasiment obligatoire. Après la fin de Rédaction.tv, quand le propriétaire m'a présenté son client français, il ne pouvait me payer que par virement bancaire et je n'avais rien à l'époque.

Je me suis débrouillé pour avoir un justificatif de revenu de sa part et j'ai ouvert un compte bancaire, le truc le plus basique, mais qui vous permet d'avoir un IBAN et un BIC, des informations nécessaires pour faire des virements internationaux.

Attention, les coûts des commissions bancaires peuvent faire mal aux fesses, mais vous devez avoir ce compte.

Moi, j'ai eu de la chance d'avoir une agence locale qui m'a formé. Informez-vous autour de vous s'il y a des agences qui recrutent. Par exemple, vous avez TextBroker qui est encore plus faible en prix qu'Upwork. Privilégiez les agences physiques qui vous permettront de vous familiariser avec les concepts de base.

Vous aurez toujours besoin d'une formation au départ. Mais évitez systématiquement toutes les formations payantes. Comme je l'ai raconté, je suis devenu rédacteur web parce que j'étais fauché. Si on vous demande de payer pour faire un métier, qui est déjà mal payé à la base, alors vous aurez des soucis.

Avec chaque secteur, vous avez des parasites et des escrocs qui apparaissent. Les formations payantes de rédaction web s'inspirent des fameux packs SEO qu'on avait il y a une dizaine d'années. Je vous fais le topo, c'est généralement un mec, assis sur une plage, qui va vous dire qu'avec son pack à 250 euros, vous allez être premier sur Google en 1 semaine chrono.

C'est ce qu'on appelle une arnaque pyramidale. Il vous force à acheter son pack SEO, ensuite, vous le refilez à quelqu'un d'autre, d'encore plus con et ainsi de suite.

Les formations de rédaction web, s'inspirent de la même arnaque. Combien de temps pour devenir un rédacteur web. Chez Rédaction.tv, j'ai appris les bases en 30 jours, mais 11 ans plus tard, j'ai toujours des lacunes.

D'où mon conseil de lecture intensive et massive. Plus votre vocabulaire est riche et plus vos doigts seront plus libres sur le clavier. Aucune culture générale, aucune curiosité et un texte de 300 mots vous prendra 2 heures. Ces formations payantes vont utiliser toutes sortes de formules, apprises par cœur, dans des manuels de merde.

Ces formations ne vous permettront jamais de devenir des rédacteurs web, ils permettront simplement de remplir les poches de leurs propriétaires.

Il y a sans doute quelques bons trucs dans le lot, mais ne payez jamais. Si vous payez pour devenir un rédacteur web, alors c'est que vous n'avez rien compris. Et regardez leurs actes et preuves.

Vous avez une pouffiasse qui s'est faite photographié dans un cadre idyllique en vous promettant que vous allez gagner une fortune dans un métier, facile en travaillant à domicile ? Cherchez son nom, combien d'articles elle a écrit et publié sur le web ? Combien de mots par jour ? Est-ce qu'elle a un vrai parcours de rédacteur, c'est-à-dire dans la misère, le sang et la pisse ou c'est juste une marketeuse de merde qui vous refile un pack à la con que quelqu'un lui a refilé.

Dans ces formations, je vois la même mécanique pyramidale. En fait, ils passent leurs temps à vendre et revendre des packs de formation plutôt que d'utiliser ce qu'il y a dedans… s'il y a quelque chose.

C'est une véritable honte que ces escrocs, qui tentent de piéger des gens pauvres qui tentent de se lancer dans ce métier. D'abord, vous devrez apprendre à construire des phrases un peu pertinentes, évitez le bourrage alias, aligner des phrases pour ne rien.

Mais parfois, vous devez maîtriser le bourrage intelligent. Car le client est roi et s'il demande 500 mots pour chaussure pas cher, alors vous devrez jouer avec les mots pour donner quelque chose au lecteur.

Ensuite, apprenez à construire vos paragraphes. Les ponctuations comme la virgule sont la respiration du texte. Apprenez à les utiliser avec parcimonie, mais ne les oubliez jamais. Et pratiquez, pratiquez constamment. C'est quasiment après 6 ans de rédaction web que je commence avoir une certaine fluidité dans mes textes.

Ce ne sont plus des trébuchements à chaque phrase et sans passer le temps qu'il faut, vous n'y arriverez jamais. Vous pouvez lire tous les manuels et les livres que vous voulez, mais sans la pratique, ça aurait été mieux de choisir l'option Serveur au McDo au début du livre.

La maîtrise de l'anglais est un atout indispensable. Vous ne devez pas forcément maîtriser une écriture parfaite, mais si vous tentez votre chance sur Upwork ou d'autres plateformes internationales, vous aurez principalement des clients anglophones.

Ce sera principalement pour la traduction anglais-français. Donc, l'anglais est un plus indéniable. Vous aurez parfois des clients 100 % francophones, mais cela reste rare.

Antidote est votre vaccin contre les fautes

J'ai déjà parlé du logiciel Antidote et il ne m'a jamais quitté en mes 11 ans de rédacteur web et il est obligatoire. Ce n'est pas juste un logiciel de correction que vous pouvez trouver sur Word ou Libre Office. Au fur et à mesure que vos textes passeront par cette moulinette à fautes, plus vous allez vous améliorer. Et le plus beau est que cela se fait naturellement.

Car quand vous analysez un texte, Antidote souligne toutes vos fautes et elles restent marquées dans votre esprit. En version légale et payante, oui, Antidote est très cher, surtout pour les rédacteurs web des pays pauvres, mais considérez-le comme un outil de travail sans lequel vous resterez un mauvais rédacteur.

Antidote suit les changements de la langue française (heureusement, il ne vous impose pas cette abomination d'écriture inclusive) et donc, votre style va s'améliorer automatiquement tout en restant dans les canons énoncés par l'Académie française. Antidote est également disponible pour la langue anglaise si vous voulez vous mettre à la rédaction anglaise.

Je l'ai tenté à plusieurs reprises dans le passé et je peux plus ou moins écrire en anglais, mais c'est bâtard. Et n'étant pas un natif ou n'habitant pas dans un pays anglophone, mon écriture anglaise est toujours hachée et bâtarde. Mais avoir la maîtrise de l'anglais et du français vous permettrait d'avoir une polyvalence pour attirer des clients à la fois en Europe et dans tous les pays anglophones.

Et en parlant de langue, attention quand on vous demande un certain style de français. Il y a beaucoup de canadiens et de québecois sur Upwork. Et quand ils vous demandent un texte, ils préciseront que cela doit être en français québecois.

Faites très attention avant d'accepter ces commandes, car s'il y a bien un peuple qui est intransigeant sur le français, c'est bien les Québecois. Leur français est assez différent de celui parlé dans la plupart des pays francophones. Assurez-vous d'avoir une bonne connaissance de cette variante du français.

Apprenez les bases du SEO

Le SEO, c'est l'astrologie sur le web. Google laisse entendre des choses, on tente de deviner la position des mots-clés et leurs poids comme la position des astres pour nous permettre de gagner au loto. Dire que le SEO ne sert à rien est faux, dire qu'il fait tout est tout aussi stupide. Les bases du SEO sont millénaires. Mettez les mots-clés qu'il faut dans les bons endroits.

Au début du texte, dans les sous-titres et de toutes façons, c'est votre client qui va vous donner les directives dans ce sens. Même si vous voyez que les directives « SEO » qu'il vous donne, datent de 2001, c'est lui qui paie à la fin, s'il veut se fourvoyer, c'est son problème, pas le vôtre. Et j'ai vu souvent des clients qui prenaient très mal qu'on leur donne des conseils sur leurs textes. En mode : « Non mais, c'est mes sites, toi t'es juste le scribouillard ».

Le SEO ne sert pas à grand-chose, car il évolue quasiment tous les mois. Google ne donne jamais de directives précises sauf les mantras de penser à « l'expérience d'utilisateur » et de « créer du bon contenu ». De plus, l'algorithme de son moteur de recherche change constamment. Au début 2020, Google a annoncé une mise à jour majeure, considérant que désormais, on passait en mode Dialogue.

Cela signifie qu'on n'a pas forcément besoin d'optimiser ses textes pour des mots-clés précis, car Google est assez intelligent pour comprendre le sujet du contenu. Le mode dialogue est arrivé comme un cheveu sur la soupe. Dans la rédaction web, on nous conseille de créer des textes impersonnels. On doit écrire ce qui intéresse le lecteur, mais on ne doit pas s'adresser à lui.

Google change progressivement cette approche en estimant que le contenu impersonnel, créé un web totalement aseptisé et c'est normal, à qui la faute ? Le SEO concerne également tout ce qui est extérieur à la page et cela ne doit pas vous concerner.

On parle de la campagne de liens, de la promotion sur les réseaux sociaux, etc. Ça c'est le rôle du webmestre. Et attention, ne vous faites pas pigeonner.

Quand on vous demande de créer des campagnes de lien, c'est un autre métier et le tarif est différent en plus de la rédaction. Si on vous demande de publier des articles sur un site sous Wordpress, c'est un autre métier et vous devez augmenter vos tarifs en conséquence.

Bien sûr, vous pouvez accepter un tarif Package qui comprend tous les aspects d'un article allant de son écriture à sa publication en passant par l'insertion d'images, mais on n'est plus dans la rédaction web, mais dans la gestion de contenu.

Ne vous faites pas avoir par la grenouille qui commence dans l'eau froide. Vous commencez par écrire simplement des textes, ensuite vient la demande : « Eh, tu ne pourrais pas les publier directement sur le site, cela ne prend que quelques minutes ».

Oui, mais je gagne combien pendant ces quelques minutes ? La rédaction web est un métier très précaire, ne soyez pas le pigeon, jamais.

Si en plus d'écrire pour les autres, vous avez aussi vos propres blogs à côté, alors lisez régulièrement des blogs sur le SEO. Ne lisez pas tout, en fait, vous pouvez vous contenter des titres. Les trois sites auxquels je suis abonné sont Search Engine Land, SEO Moz et Seobook.

Ce dernier publie rarement, mais quand il écrit, on lit chaque ligne. C'est un expert en SEO qui est très critique sur Google et vous apprendrez bien des choses. En vous tenant au courant de l'actualité du SEO, vous saurez quelles sont les tendances, les dernières mises à jour algorithmiques, etc.

Toutefois, c'est de la veille en plus et si vous ne faites que de la rédaction web, vous n'en avez pas besoin.

Sans la documentation, votre texte sera merdique

Vous avez sans doute lu ce genre de texte. Le titre semble donner une réponse à la question, mais le rédacteur vous emmène jusqu'au bas de l'article sans que vous ayez eu votre fameuse réponse. Il y a deux explications. Le rédacteur a reçu une consigne d'un nombre de mots largement supérieur à ce que le sujet pouvait proposer.

Mais surtout, c'est le signe d'un manque cruel de documentation. La recherche de documentation est assez basique. Quand vous tombez sur un sujet que vous ignorez, vous allez taper la requête en question et privilégiez les articles en anglais. Car vous pourrez les traduire en ajoutant votre propre contenu.

Le contenu anglophone est 25 fois plus important que le contenu francophone sur le même sujet. Donc, allez sur un service comme Linguee, qui offre une meilleure traduction sur des expressions ou des termes que Google Translate (astuce de pro) et ensuite, tapez cette requête en anglais.

Lisez plusieurs articles dessus et faites en une synthèse et voilà, vous avez un article de 1000 mots sans même à inventer quoi que ce soit.

Par exemple, si on me commande un article sur une marque. Le rédacteur médiocre et même passable va se contenter de lister les produits que la marque vend, un peu d'historique et il a son article. Ma valeur ajoutée est de faire une recherche sur l'histoire de la marque.

Si la marque a plus de 50 ans, alors il y a eu énormément d'évolutions et c'est un plaisir d'écrire dessus. Vous ne faites pas de bourrage, vous insérez une vraie valeur ajoutée et la promotion de ses produits paraîtra secondaire alors que c'est la base de l'article.

Cette habitude de la documentation, je l'ai appris chez Rédaction.tv, et passez du temps dessus. Au début, ce sera très difficile, surtout sur des sujets inconnus. Mais au fil du temps, cela deviendra rapidement un réflexe, car vous saurez quels services utiliser et quels sont les sites de référence où vous savez que vous pourrez toujours trouver des articles de qualité.

Un article écrit à partir de zéro, ça n'existe pas. Il y a toujours quelqu'un qui a déjà parlé du sujet avant vous et donc, pas besoin d'inventer la roue. Utilisez le contenu existant et adaptez-le en conséquence.

Mais l'excellent rédacteur pourra écrire, même quand il ne trouve aucune documentation. Sur des produits rares ou très anciens, il n'y a plus de contenus disponibles ou c'est très bien caché. Car cette saloperie de Google considère la fraîcheur du contenu comme l'une de ses priorités.

Donc, on a toujours le même contenu, qui revient encore et encore. En fait en 2019, on a appris que Google n'accordait plus aucune importante aux contenus datant d'avant 2000. Dans ce cas, vous devrez vous baser sur votre propre culture générale pour tirer un texte qui sera plus ou moins potable.

Adaptez-vous à chaque client

Plus vous aurez de clients et plus vous devrez apprendre à vous adapter. Le conseil que vous entendrez souvent est de donner le meilleur à chaque client. Et moi, je dirais de donner ce que le client recherche. Bien sûr, dans son offre, il dira qu'il veut « un rédacteur expérimenté, un « texte d'autorité sans aucune faute » ou encore « la qualité prime avant tout ».

Mais ce sont des critères subjectifs par rapport à lui. Sa qualité n'est pas la vôtre et vous devrez vous adapter. Certains clients demanderont une grande expertise et d'autres se contenteront du passable. Seule l'expérience vous permettra de distinguer les différents clients. Les embûches sont nombreuses et vous vous ferez toujours avoir de temps en temps.

Le style de texte pour chaque client sera différent. Certains vous demanderont une écriture académique, d'autres demanderont le ton du dialogue et d'autres vont partir sur un texte aussi neutre que possible.

Vous n'avez pas à penser pour le client, c'est son site et son fric. Même si vous pensez que le tutoiement ne convient pas pour un style littéraire, adaptez-vous aux demandes et gardez vos réflexions personnelles sur vous.

Je ne juge pas mes clients, ni leurs textes. Il m'est arrivé d'écrire pour un parti politique français dont les idées étaient opposées aux miennes. Et je n'ai eu aucun problème à le faire, du moment que mon nom n'apparaît comme auteur. Et c'est souvent le cas.

Pas d'excès de zèle

C'est quelque chose qui est commun à tous les métiers. On veut plaire et on veut prouver qu'on est le « meilleur du meilleur », mais une étude sociologique, publiée il y a quelques années, montrait que l'excès de zèle ne vous apportera rien. Car il y a un contrat à payer à la clé. Quand un employeur vous donne de l'argent pour une tâche, le concept personnel n'entre pas en ligne de compte.

Voici un exemple. Un client vous commande un texte de 500 mots sur les avantages d'utiliser une plaque de cuisson. Bon, c'est un texte assez classique qu'on trouve dans la description de produits et des guides d'achats. Vous écrivez l'article et il fait 600 mots. Le client ne vous a pas demandé de l'optimiser pour le SEO, mais vous le faites quand même. En fait, vous proposez même mieux que ce que le client vous a demandé.

Eh bien, non, il ne vous donnera rien en plus et ne remarquera même pas votre excès de zèle, car lui de son côté, il vous a payé et c'est normal que vous faites pour le mieux. Même avec les clients à long terme, ce contrat payant vous lie par des modalités précises.

Ce n'est pas la peine d'en faire trop, car vous deviendrez un paillasson. Faites simplement ce qu'on vous demande. S'il y a des corrections à faire, faites-les, s'il y a des critiques, acceptez-les (même si vous pouvez penser intérieurement qu'il peut aller au diable).

Avec la Freelancisation et de l'ubérisation de la société et du travail, on vous incite toujours à faire plus. Ne le faites pas, car c'est une ligne droite vers l'esclavage et la soumission. Je me rappelle une personne, employée dans la cinquantaine qui a dû gérer cet aspect. Ce mec était très droit dans ses bottes. Il travaillait dans une entreprise, mais il discutait aussi avec une entreprise concurrente.

Aucun coup bas, c'est juste qu'il s'entendait bien avec les mecs de l'entreprise rivale. Son entreprise le découvre et lui reproche de pactiser avec l'ennemi. Et lui, il répond : « Monsieur, dans mon contrat, je dois travailler de 9 h à 17 h chez vous et c'est ce que je fais ». « Ce que je fais en dehors ne vous regarde pas et je ne vous dois rien. Vous ne me faites pas une faveur en m'employant, je vous suis utile et vous me payez pour ça, point final »

Il a été viré, mais il a trouvé un autre emploi quelque temps plus tard. C'est toujours cet exemple que vous devrez suivre. Bien sûr, je l'ai dit, au début, vous aurez tendance à faire en trop. Et peut-être que temps en temps, ça passe, mais gardez à l'esprit que vos clients n'auront pas une meilleure option de vous avec votre excès de zèle, car vous avez été payé.

Avec une épée, séparez votre vie professionnelle et personnelle

C'est un conseil qu'on donne à tous les travailleurs de domicile, mais il est assez crucial. Si vous êtes un rédacteur web à temps partiel, cela ne se verra pas. Mais si vous êtes à temps plein, il est essentiel de séparer votre vie personnelle et professionnelle.

La raison est simple. Si vous ne mettez pas une frontière, alors vous travaillerez constamment sans aucune interruption. Ayez des horaires précis et respectez à la lettre. Voici ma routine, tout mon travail de rédaction web, je le fais le matin. Comme je me lève très tôt, j'ai terminé à 9 h ou 9 h30 au maximum.

Ensuite, je fais un tour dehors. Ça, c'est aussi important, sortez tous les jours sinon vous deviendrez fou et c'est un fou qui vous le dis. Cela peut-être pour aller au marché, mais même quand je n'ai aucune course à faire, je vais faire un tour. C'est pourquoi, le confinement m'a touché plus que d'autres.

Une fois par semaine, je sors en ville, juste pour prendre l'air et quand vous êtes enfermé en permanence, vous perdez le contact avec la société. Avec le confinement, j'étais constamment enfermé chez moi et ça été une torture.

Ne travaillez pas toute la journée, les salaires en rédaction web ne sont pas suffisants pour qu'on le fasse. Mais cela ne signifie pas que passé le matin, je m'allonge et je pense à la philosophie.

Car après mon travail de rédaction web, je gère mes sites, je consulte d'autres sites et je me tiens au courant de ce qui se passe. Très peu de réseaux sociaux, je consulte Facebook le matin pendant quelques minutes avant d'aller au taf et c'est tout.

D'une part, cela vous permet d'aérer l'esprit et de connaître de nouvelles choses, en enrichissant votre travail de rédacteur web. Je connaissais une personne qui était un designer web. Il travaillait comme moi à la maison.

Et chaque matin, il se douchait, s'habillait, prenait une malette et il sortait de chez lui à 8 h. Il faisait le tour du pâté de maison, parfois en voiture, parfois à pied et il retournait chez lui à 8 h 15. Et ensuite, il pouvait commencer son travail, car il venait d'arriver « au bureau ».

Ce rituel peut sembler farfelu, mais cela permet de démarquer clairement le moment où vous commencez et arrêtez le travail.

Comment reconnaître un bon client ?

Si je connaissais la bonne réponse, je ne serais pas encore rédacteur web, mais bien riche et peinard. Il n'y a pas de bonnes méthodes, seule l'expérience vous le dira. Si vous êtes un peu sérieux sur la rédaction web, vous allez atterrir sur Upwork.

Donc, il y a des milliers de clients sur Upwork, comment trier le bon client et l'escroc notoire ? Quelques signes ne trompent pas.

Commencez d'abord par voir son historique. Depuis combien de temps est-il sur la plateforme ? S'il est juste présent depuis un mois, il faut se méfier. Ce n'est pas que ce soit un escroc, mais laissons-lui le temps de signer quelques contrats.

Ensuite, la quantité d'argent dépensé, Upwork l'affiche pour chaque client. Si vous avez un client qui a juste dépensé 100 dollars, alors il ne recrute qu'à l'occasion et nous, on est là pour trouver du taf à long terme.

Ça aussi, c'est un gros mensonge du Freelancing comme si on adorait la précarité du statut. J'adorerais avoir un genre de CDI ou même un CDD en béton armé dans la rédaction web. Le Freelancing nous a été imposé, on ne l'a jamais choisi.

Si un client a déjà dépensé plus de 10 000 dollars sur la plateforme, alors il y a de fortes chances que ce soit quelqu'un sérieux. Mais comme j'en ai parlé avec les arnaqueurs sur Upwork, vous pouvez tomber sur de vrais filous.

Ensuite et ça, vous l'apprendrez par l'expérience, si un client daigne vous répondre parce que vous avez postulé, son message vous fera comprendre si vous avez quelqu'un qui recrute régulièrement des rédacteurs web et s'il est du « métier ». Cela implique qu'il sera très direct, ses exigences sont aussi très limpides et du premier coup d'œil, vous saurez si vous êtes fait pour le taf.

Vous avez aussi des petits clients. C'est-à-dire qu'ils ne commandent qu'un ou deux textes. Ils sont très pointilleux et ils vont regarder chaque mot. Franchement, on est là pour faire du chiffre et non pour voir si un accent circonflexe est mal placé. S'ils payent bien, alors pourquoi pas, c'est toujours un petit contrat de passage.

Mais vous devez viser les collaborations à long terme si vous voulez vivre de ce métier. Cela vous permet d'y consacrer pleinement votre temps, sans chercher de nouvelles offres tous les jours. Upwork propose une fonction de recherche très puissante, car ce ne sont pas les offres qui manquent.

Utilisez l'anglais, par exemple, moi j'ai une recherche intitulée «Translation French-English » ou « French Copywriting ». Assurez-vous bien de filtrer les contenus selon votre langue. Vous aurez peu de résultat si vous tapez simplement « Rédaction web », car beaucoup de clients recherchent un mélange de rédacteur et de traducteur anglais-français.

Une fois que vous avez votre recherche qui vous donne des résultats pertinents, vous pouvez l'enregistrer et elle sera sur la page d'accueil d'Upwork.

A chaque fois que vous vous connecterez, vous aurez des nouvelles offres qui vont s'afficher. Comme je l'ai aussi mentionné, vous avez droit à un certain quotas pour postuler, connu comme des Connects. En tant que Freelancers, vous avez droit à 140 connects par mois.

En général, une candidature à une offre coûte 6 Connects, mais cela peut coûter plus selon la taille et le budget du projet. Tous les mois, les Connects sont renouvelés. Vous pouvez aussi payer pour avoir des Connects, mais comme avec les formations payantes, même pas en rêve ! À raison de 6 Connects, vous pouvez postuler à environ 23 offres, ce qui est large sur un mois donné.

Attention, même quand vous êtes dans une merde financière et vous voulez postuler au maximum d'offres, ce n'est jamais une garantie que vous serez recruté. De plus, vous risquez de vous emmêler les pinceaux si vous discutez avec plusieurs clients en même temps. Postulez à une seule offre par jour et laissez le temps aux propositions de venir.

Si vous commencez sur Upwork, je vous le dis tout de suite, cela va être très difficile. Vos premiers boulots seront payés une misère, mais c'est obligatoire, car c'est la note, et uniquement la note qui détermine votre visibilité et vos chances de recrutement sur Upwork. Je suis sur Upwork depuis 7 ans et cela fait longtemps que je n'ai pas postulé à une offre.

Car tout simplement, j'avais un client sur le long terme qui me suffisait en termes de revenus. Ce client a décidé de changer beaucoup de choses, pas forcément mauvaises, mais différentes et j'ignore s'il pourra continuer avec moi. Quand Upwork était oDesk, c'était beaucoup plus facile de trouver de bons clients.

Après la fusion, j'ai été terrifié de voir les racailles et des prestataires totalement merdiques, qui ont pourri la plateforme. Des gens comme moi, ne pouvaient plus décemment gagner leur vie et je suis un rédacteur malgache. Où va le monde du Freelancing si les clients trouvent qu'un rédacteur malgache est trop cher ?

Les rédacteurs web francophones ont encore de la marge. Il y a quelques années, je pensais que la concurrence des Philippins, des Malaisiens, des Indonésiens, des Chinois et des Indiens allaient nous mettre à la ruine, car ils bossent 10 fois plus et ils sont encore moins chers que les tarifs du Maghreb ou de Madagascar. Mais sur la qualité, disons qu'ils ont encore quelques années de retard. Et je ne pense pas qu'ils rattraperont, car ils visent principalement le contenu anglophone.

Remettez-vous en question

C'est un conseil qui revient dans tous les métiers, mais il est particulièrement vrai pour le rédacteur web et le freelance. Et cela doit être assez radical. Il m'est arrivé de gagner 1000 dollars par mois, mais souvent, la descente est tout aussi fulgurante. Car à chaque fois que vous signez avec un nouveau client, vous repartez de zéro.

Vous pouvez lui dire que vous avez 10 ans d'expérience, mais lui, il vient de vous rencontrer. Ce rocher de Sisyphe est assez terrible, car on ne peut jamais connaître la vraie valeur d'un rédacteur web.

C'est la même chose pour le client. Même s'il a déjà traité avec des milliers de rédacteurs web, la première fois, je pense toujours : « Est-ce qu'il ne va pas essayer de m'arnaquer » ?

N'oubliez pas de veiller

La « veille », encore un nom pour faire genre dans le web 2.0 est de se tenir au courant de ce qui se passe. J'ai déjà parlé du SEO et vous devez avoir quelques sites de référence. Oubliez les réseaux sociaux, passez directement par les sites et leurs flux RSS. La veille possède deux objectifs. La première est de se tenir au courant des tendances.

Qu'est-ce qui se passe actuellement dans l'actualité des moteurs de recherche. Depuis 2019, Google est passé par huit mises à jour majeures, est-ce que vous les connaissez ? Car ces mises à jour affecter le classement du site et donc, des demandes de vos clients. Et ce sera à vous de vous adapter.

La veille permet aussi de savoir ce qui se passe dans le monde du Freelance. C'est un secteur qui change très vite et vous devez être capable d'anticiper les changements. Si vous êtes inscrit sur une plateforme comme Upwork ou autre, surveillez aussi leurs notifications de changements. Souvent, on reçoit des mails de notification et on les zappe. Et ensuite, on s'aperçoit que la commission de la plateforme a changé et vous n'êtes même pas au courant.

Le second aspect de la veille est de renouveler votre propre style. Je vous le dis, vous allez vous épuiser. Viendra un moment où même face à un article banal, vous serez comme un con à fixer l'éditeur de texte totalement blanc. Cela vous prendrait 5 minutes normalement pour écrire ce texte qui promet une application Android, mais vous n'y arrivez pas.

La créativité se renouvelle et on le fait en lisant autre chose que ses sujets de prédilection. Je lis énormément d'articles de web pendant une grande partie de la journée. Parfois, je parcours juste le titre, pour être constamment sur le qui-vive. Mais comme je l'ai déjà dit, à force de lire uniquement des articles de web, vous allez adopter mentalement une écriture algorithmique.

Vos phrases vont manquer de style, de classe et de clarté. Et là, il vous faudra replonger comme je l'ai fait dans les livres. Privilégiez les auteurs classiques dont le vocabulaire est bien plus large, inspirez-vous-en. Si vous pouvez devenir une éponge de Lovecraft, alors ce sera toujours un bénéfice pour votre expertise.

Un mot sur Payoneer

Les paiements en ligne sont un vrai problème dans les pays pauvres. L'absence de Paypal est une véritable merde, car on est obligé de refuser de nombreux clients parce qu'ils ne jurent que par Paypal. Paypal n'est ni meilleur, ni moins cher qu'un autre.

C'est juste que les occidentaux l'utilisent par habitude. La seule raison de Paypal est que cela évite de donner les informations de sa carte de crédit. Mais il est devenu une sorte d'obligation, alors que c'est juste un intermédiaire.

J'avais entendu parler de Payoneer lors de mes débuts chez Rédaction.tv. L'agence avait des rédacteurs à Madagascar, mais également en Côte d'Ivoire. Et elle voulait utiliser des cartes prépayées, fournies par Mastercard et Visa.

Ainsi, vous receviez l'argent sur votre carte et vous pouviez le retirer dans n'importe quel distributeur de billets, compatible Visa et Mastercard, c'est-à-dire que cela marche dans quasiment tous les pays. Ça, c'est en théorie. Car cela dépend des pays, il y a parfois des banques avec des distributeurs tellement tarabiscotés que cela ne marchera jamais.

Moi, j'avais testé la mienne, de Rédaction.tv, dans une banque de la BNI (Crédit Agricole). Le putain de distributeur s'est détraqué, l'alarme à incendie s'est déclenché et l'agence a dû être évacuée. Ce fut ma première et dernière expérience.

Après la fin de Rédaction.tv, je suis passé à Payoneer. En fait, c'est lorsque j'accumulais des boulots chez Fiverr et Upwork que j'y suis passé. Vous vous inscrivez sur Payoneer par l'intermédiaire d'Upwork. En gros, c'est lui qui vous donne la carte.

Donc, si vous voulez avoir un compte Payoneer, passez par Upwork ou des entreprises qui le supportent. On peut citer Upwork, Fiverr, Airbnb, Wish, GettyImages Cdiscount, Rakuten, etc. Individuellement, vous ne pouvez pas vraiment ouvrir un compte ou s'il sera très limité. De toutes façons, vous pouvez aller sur Payoneer et demander des explications sur son forum.

Il y a des commissions quand une entreprise vous paye sur votre carte Payoneer et cela varie pour chaque entreprise. Pour Upwork, c'est 2,50 dollars pour un chargement immédiat, mais il faut aussi quelques taxes supplémentaires, mais ce sera toujours moins que ces putains de 30 dollars de virement bancaire !

Mais le gros avantage de Payoneer est ce qu'on appelle le Global Payment Service. C'est une option dans votre compte Payoneer, qui vous permet d'avoir des comptes bancaires dans d'autres devises.

Les pays disponibles sont les États-Unis, l'Union Européenne, le Royaume-Uni, le Japon, l'Australie, le Canada et le Mexique. Pourquoi est-ce important ? Imaginez que dans votre longue traversée du désert de rédacteur web, vous trouvez finalement un client en France. Mais celui-ci ne peut pas faire de virement international et vous, vous n'avez pas Paypal. Donc, vous allez utiliser le compte en Euro du Global Payment Service.

Notons que la disponibilité de ces options varie pour chaque compte. Cela dépend si vous utilisez régulièrement Payoneer ou non. Évidemment, si vous ne leur rapportez pas d'argent, cela ne sert pas à grand-chose.

Mais quand vous l'avez, vous aurez des coordonnées bancaires d'un compte bancaire européen ! C'est comme si vous viviez à Madagascar, au Cameroun ou au Népal et que vous aviez un compte bancaire en Europe.

C'est comme un compte bancaire virtuel qui va servir de Proxy, pour vous permettre de recevoir des paiements de clients dans quasiment tous les pays. Dans un rapport que Payoneer publie régulièrement, on remarque que le secteur de Freelancing est démarqué par une frontière.

Tous les clients de Freelance sont dans les pays riches, Amérique et Europe principalement et tous les Freelances sont dans les pays pauvres.

Payoneer permet aussi de transférer de l'argent directement sur son compte bancaire local. Il a fallu du temps pour que cette option apparaisse sur mon compte. Et pour être honnête, je ne l'ai pas encore testé, car étant fièrement un rédacteur web, je suis toujours fauché et précaire ! Payoneer n'est pas vraiment connu en Occident, mais c'est vraiment un bon service.

Il a eu des problèmes à la mi-2020, car son fournisseur de carte de crédit a fait faillite, mais il a rapidement redressé la barre, montrant la solidité du service. Donc, si vous êtes Freelance, jetez un coup d'œil à Payoneer, vous trouverez forcément quelque chose qui vous intéressera dans les services qu'il propose.

Mes conseils aux clients de rédaction web

Je suis obligé de proposer aussi des conseils pour les clients de rédaction web, mais je ne suis pas de votre côté. Je ne connais pas la situation de chaque client et de ce qui se passe dans chaque pays et secteur du web dans lequel vous travaillez. Mais gérant aussi des sites, j'ai cette capacité de voir les deux faces de la pièce. Mais encore une fois, moi, je suis rédacteur web et je parle de ce que je connais.

Soyez précis dans vos directives

C'est l'un des principaux conseils pour les clients et je ne le répéterais jamais assez. Soyez précis dans chacune de vos directives. Le rédacteur ne peut pas penser à votre place sur ce que vous voulez sur le texte final. Donc, une directive : « Alors voilà, j'aurais besoin d'un texte, vantant les mérites d'une telle application » ne veut strictement rien dire pour le rédacteur.

L'application est pour quelle audience, qu'est-ce que vous voulez promouvoir. Dans votre texte, est-ce que vous voulez juste informer sur l'application et créer des conversions, genre, télécharger, acheter, s'abonner, etc.

Calculez bien vos coûts

Je pense que ce conseil aurait plus sa place dans ceux destinés pour les rédacteurs web, mais il est important de calculer les coûts de votre contenu. Par exemple, vous êtes un éditeur de sites et que vos revenus doivent se baser sur la publicité.

Alors, vous devez imaginer le revenu de ce texte sur un délai de 24 mois (en général, les contenus doivent être souvent renouvelés). Si vous demandez un guide pour choisir son PC et qu'il fait 2 000 mots, combien cet article va vous rapporter. 10 euros, 20 euros, 100 euros en 18 mois et c'est à partir de là que vous devez déduire le coût.

Ainsi, vous ne pouvez pas payer 5 euros pour un texte qui vous en rapporterait 50. De même, je rigole quand je vois les tarifs de rédaction web en France qui parle de feuillet à 50 euros. Dis donc les mecs, Gutenberg et l'imprimerie, c'était déjà il y a quelques siècles !

On peut calculer ce coût quelle que soit la monétisation. L'affiliation, article sponsorisé, etc. Parmi sans doute la pire des saloperies que j'ai eu avec un client, heureusement que je n'ai rien signé, il y avait un mec à Dubaï qui me proposait 0,01 euro pour un article de 500 mots.

J'ai cligné et j'ai plissé des yeux sur le message d'Upwork en me demandant si le mec s'était trompé de chiffres, mais non, il proposait bien 0,01 euro pour 500 mots. J'ai pris une taffe de nicotine bien dosée et j'ai juste dit que c'était trop bas.

Mais intérieurement, je l'ai insulté de tous les mots en me demandant quel genre de putain de crapule de sa race, pouvait proposer un prix qui indignerait un esclave au 19e siècle. Eh, ce n'est pas parce que tes putains de tour dans ton putain de pays, ont été construites par des esclaves que tu dois prendre le monde entier pour une généralité.

Donc, calculez bien vos coûts et proposez le meilleur prix qui convienne aux deux parties. Si le rédacteur web se casse, alors vous devrez recommencer constamment avec un nouveau prestataire et c'est du temps perdu.

Et c'est une chose que je dis souvent dans mes articles : « Si vous payez 5 euros pour un article, alors vous aurez une qualité de 5 euros ! ». Si vous voulez un meilleur contenu, alors mettez le prix qu'il faut.

La documentation prend du temps, la recherche aussi, la synthèse aussi sans oublier le SEO. Donc, si vous voulez me donner 5 euros pour votre texte, alors je l'écrirais sur 5 euros de mon temps. Beaucoup de clients gueulent sur la qualité des articles chez les rédacteurs web alors qu'ils devraient balayer devant leur propre porte.

L'écriture et rien d'autre

Vous engagez un rédacteur web pour écrire un texte. Il n'est pas là pour le publier sur Wordpress, ni pour trouver des images sur Google Images. Ce sont des tarifs séparés qui concernent la gestion de contenu. Vous pouvez vous mettre d'accord sur un genre de Package qui englobe tout ce qui entoure l'article, mais cela doit être mieux payé qu'une rédaction web.

Il y en a marre qu'on soit obligé de porter toutes les casquettes. Et de toutes façons, quand on cherche à tout faire, alors on se plante sur tout.

Vérifiez les modes de paiement et les identités

Le client, avec lequel j'ai travaillé depuis des années, m'a dit qu'il veut arrêter de travailler avec les prestataires distants et tout centraliser au niveau local. Même si je suis le perdant dans l'histoire, je peux comprendre cette approche.

On est tellement éloigné les uns des autres qu'on n'arrive jamais à bâtir une relation durable et basée sur la confiance. De plus, les aléas locaux d'un prestataire à Madagascar peut affecter son client à l'étranger si celui-ci a mis tous ses œufs dans le même panier. Donc, quand vous passez un contrat avec un rédacteur web, assurez-vous de son identité et de ses modes de paiement.

Dans de nombreux pays pauvres, le système D est à l'honneur où le paiement passe par plusieurs mains. Vous risquez d'avoir des soucis au niveau de la fiscalité de votre propre pays. C'est pourquoi, travailler avec une plateforme Upwork, peut vous donner des avantages.

Même si je conchie dessus pour ce qu'elle est devenue alors qu'elle aurait pu être tellement mieux, au moins, cela vous permet de centraliser vos tâches et d'avoir des profils vérifiés.

Récemment, Upwork a lancé le concept de contrats directs où un rédacteur web peut traiter avec des clients qui ne sont pas sur Upwork, mais ce dernier vérifie et valide les paiements. C'est sans doute une énième tentative pour vous faire inscrire, mais cela peut être une bonne alternative.

Je ne nie pas que les clients de rédaction web ont souvent eu des mauvais rédacteurs. C'est dû à un pourrissement du secteur et le fait qu'il soit totalement dérégulé. Quand vous voyez qu'une pétasse vous facture 3 500 euros pour une « formation de rédaction web à la pointe de la technologie et dans un cadre féerique », on se dit que tout est permis !

Cherchez des alternatives à Paypal

J'ai déjà parlé de Payoneer, mais en tant que client, vous devez avoir des alternatives de Paypal à disposition. Je suis rédacteur web depuis 11 ans et mon profil Upwork et mes nombreux blogs prouvent que je ne suis pas le dernier des merdeux.

Mais même si vous avez envie, vous ne pourrez jamais me recruter si vous ne payez que Paypal.

Vérifiez du côté de Payoneer, mais on a aussi Skrill qui est très connu dans le monde des jeux d'argent et des casinos en ligne. Même si je trouve que Skrill a perdu beaucoup d'influence depuis quelques années.

Vous avez aussi Payza, que je n'apprécie pas vraiment. Et le bon vieux virement bancaire. Même si les commissions sont très élevées, cela peut valoir le coup, car un rédacteur web qui possède un compte bancaire dans un pays pauvre, ce n'est pas quelqu'un qui va disparaître sans laisser de trace.

Quelles plateformes de rédaction à part Upwork ?

Ce ne sont pas les plateformes de rédaction web qui manquent, mais elles sont très creuses à cause de l'inertie gigantesque d'Upwork. Ce dernier a pris une telle place dans le secteur du Freelancing qu'il a attiré tout le monde comme un trou noir.

Ce que soit sur Upwork et d'autres plateformes, l'anglais est un atout indispensable. Je vous conseille ces plateformes, car elles auront toujours des offres à proposer.

TextBroker

Très ancien et assez respecté dans le secteur, TextBroker propose une plateforme vraiment orientée dans la rédaction web. À une époque, j'ai fait quelques textes, mais disons que ce n'est pas ma tasse de thé. Avec TextBroker, vous aurez affaire à ce que j'ai déjà appelé des clients pointilleux.

C'est-à-dire des clients qui vont demander des articles de 200 ou 300 mots, principalement pour des descriptifs de produit. Mais ils ont des demandes tellement étriquées que vous passez plus de temps à écrire un article de 300 mots qu'un autre qui en fera 1000 où vous seriez plus libre.

Et il n'y a rien de mal à être pointilleux si le prix suit derrière. Mais en général, vous aurez des tarifs autour de 3 à 4 euros pour des trucs à 300 mots. Ça, c'est le bas de l'échelle, mais ensuite, vous pouvez monter. TextBroker paie par Paypal et virement bancaire. Et je recommande d'avoir un compte bancaire européen comme c'est possible avec Payoneer.

Une fois que vous vous inscrivez sur la plateforme, vous allez fournir un article de test. Ce dernier va déterminer votre note allant de 1 à 5 étoiles. Moi, je suis à 4 étoiles, mais encore une fois, je n'utilise pas beaucoup cette plateforme.

Un aspect intéressant de TextBroker est que les commandes sont déjà disponibles. Vous piochez dans les différentes catégories et vous pouvez réserver un article.

Mais la compétition est féroce et il est difficile de trouver des commandes libres. Chaque client va proposer son propre délai de livraison et cela peut aller de 10 à 24 heures. Le client peut refuser votre texte en demandant des corrections si c'est nécessaire.

Vous avez aussi le concept de commande directe où un client peut vous contacter directement. Vous avez aussi la commande par équipe où vous pouvez travailler à plusieurs.

C'est comme une place de marché où il faut être le plus rapide pour réserver des articles. Vous avez aussi TextMaster qui est très similaire, mais je n'ai jamais eu de chance avec celui-là. Mon texte de candidature a été rejeté et même 4 ans plus tard, je n'ai pas encore la possibilité de renouveler ma candidature.

Guru.com

En même temps qu'Upwork, je m'étais inscrit sur Guru.com. À la base, Guru voulait être un peu l'opposé d'Upwork, une plateforme d'experts avec des prix dignes de ce nom. Je n'ai jamais eu le moindre contrat dessus, car c'est une plateforme très anglophone et que les tâches de traduction sont rares.

Et de plus, j'avais de quoi m'occuper sur Upwork pour que je n'aie pas besoin de prospecter ailleurs. Mais étant donné que maintenant, je suis en « disponibilité », il va falloir que je m'y intéresse.

Ce qui m'a gêné sur Guru est que la candidature à une offre n'est absolument pas intuitive. Il faut bien comprendre les différents termes et Guru utilise des concepts qui ne sont pas forcément ceux qu'on trouve dans le Freelancing de base.

De plus, ces derniers temps, il a tendance à faire payer les prestataires pour tout et n'importe quoi. Ainsi, pour vérifier votre identité, vous devez payer 5 dollars. Ce que je trouve vraiment stupide. Et c'est une chose importante, car ces derniers temps, de nombreuses plateformes passent par le KYC (Know Your Customer) qui est simplement une vérification d'identité.

Cela ne pose pas de problèmes dans les pays riches et c'est une formalité. Mais dans les pays pauvres, c'est la catastrophe. Car ces crétins n'acceptent pas les cartes d'identité nationales et ils vont demander un passeport.

Je suis ici pour trouver un job, pas pour voyager et demander un visa à Lampedusa, merde ! Parfois, j'ai affaire à des racistes sur ces plateformes qui me disent que ma carte d'identité n'a aucune validité. La même putain de carte d'identité, mais provenant d'un pays riche, serait valide.

Rédactiweb

Rédactiweb ne doit pas intéresser les rédacteurs web des pays pauvres, car elle ne recrute qu'en France. Cela peut intéresser si vous êtes rédacteur en France. Les prix sont supérieurs à la moyenne, mais ils semblent avoir peu de clients ces derniers temps.

C'est normal, quand vos prix sont autour de 20 euros pour 300 mots alors qu'en face, on vous les fait à 3 euros, il y a quand même une sacrée différence.

Le problème de bon nombre de ces plateformes de rédaction web est qu'elles considèrent le métier, comme un truc à temps partiel. Mais pour ceux qui veulent le faire à temps plein, c'est mort.

Avant l'arrivée de ces plateformes, les rédacteurs contactaient individuellement les clients, via leurs sites et les forums, pour proposer leurs services. C'est très obsolète aujourd'hui. Et vous avez aussi les réseaux sociaux qui ont pris une place prépondérante. Mais je le redis, jamais vous n'obtiendrez un travail sur les réseaux sociaux.

Même sur Linkedin, car ce sont des gens qui tournent en rond et qui publient des contenus tout aussi insipides, recyclés à l'extrême et d'une banalité confondante.

J'ai déjà été contacté par des agences ou des clients en France, mais j'ai rarement donné suite. D'une part, j'ai ricané sournoisement devant les prix proposés et d'autres modalités de travail ne me convenaient pas.

Mais cela ne signifie pas que vous ne devez pas avoir de comptes sur ces réseaux sociaux. Je dis juste que vous aurez peu de chances de trouver un client via ses canaux qui sont remplis d'intermédiaire. C'est aussi valable sur Upwork où la plupart des « clients » ne sont que des intermédiaires dans des agences et donc, le prix proposé sera toujours inférieur.

Les prix de rédaction

Quand je vois certains articles écrits par des « des experts » en rédaction web concernant les prix pratiqués dans le secteur, j'ai bien envie de rigoler sauf que je me retiens quand je pense au mal qu'ils font. Non, vous n'aurez jamais 50 euros pour un article de 300 mots, 30 euros alors ?

Même pas en rêve, alors 20 ? Non plus. Ce que vous ne comprenez pas que vous commencez toujours au plus bas, que vous soyez comme moi, sans Bac ou que vous ayez un doctorat en communication.

C'est le concept même du Freelancing. Vous commencez toujours comme des esclaves et si vous êtes un bon pigeon, vous pourrez monter petit à petit pour obtenir le titre d'affranchis. Le titre d'homme libre attendra.

La moyenne des prix de la rédaction web tel que c'est pratiqué à mon niveau est de 1 euro pour 100 mots. Ce qui nous amène à 5 euros pour 500 mots. Moi, pendant des années, j'étais payé à 6,5 dollars pour 500 mots. Et pourquoi accepter un prix aussi bas alors que je connais ma qualité ?

Car vous devez équilibrer le contrat sur le long terme et les prix que vous proposez. Imaginons que vous ayez un client qui vous donne 50 euros par article, mais c'est une commande unique et le client ne commandera plus de textes à l'avenir.

Honnêtement, ça m'est déjà arrivé, ce genre de prix, pour des traductions ou autre, par des clients qui ne connaissent pas la moyenne des prix. Mais ils sont prêts à payer plus parce que c'est un travail ponctuel.

En revanche, si le client vous dit qu'il a un volume de 20 à 30 articles par mois et que le contrat va durer 6 ou 12 mois, alors vous tendez l'oreille. Car d'une part, vous avez la garantie d'un revenu régulier mensuel et que vous n'aurez pas à prospecter comme un con tous les jours de la semaine.

Les prix élevés que vous voyez dans ces articles de merdeux ne représentent que 1 % de ce qui se fait réellement dans la rédaction web. Regardez les prix sur Upwork ou TextBroker et vous comprendrez. Apprenez à rester humble sur vos prix et montez au fur et à mesure.

C'est mieux d'avoir un boulot à long terme, même s'il est mal payé à votre goût plutôt que sautiller de tâche en tâche sans jamais s'arrêter. C'est le futur du Freelancing qu'on nous promet et nous devons l'éviter par tous les moyens.

Même dans les grands médias qui sont subventionnés par les milliards des contribuables, le tarif à la pige laisse à désirer. Pour 250 mots, Le Monde offre 74 euros, Le Figaro, c'est 66 euros, Inrocks, c'est 55 euros tandis que le magazine Elle vous offrira 60 euros.

Et ici, on parle d'un tarif à la pige, avec des enquêtes, des photos et tout le tintouin. Donc, vous pensez vraiment qu'une rédaction web à 500 mots va vous rapporter 50 euros ! Soyons sérieux ! Pourquoi je conchie sur ces articles qui apparaissent année après année sur les salaires mirobolants des rédacteurs web et que nous, les vrais rédacteurs, on passe pour des cons.

Car c'est une accroche typique d'une arnaque pyramidale. Quand vous cherchez à devenir rédacteur web, vous allez être enchanté par ces prix et c'est ce que ces articles veulent que vous pensiez, car des pisseurs de mots, ils en veulent toujours plus. Ils vont vous attirer par de belles promesses, mais ensuite vous découvrirez la dure réalité de la rédaction web. Cette dernière est dans le même bain descendant que de nombreux métiers du web 2.0 qui n'arrivent pas à trouver un modèle économique digne de ce nom.

Et sur les prix, vous devez regarder du côté des clients. J'ai parlé du calcul du coût dans les conseils que je donne. Si vous facturez un article à 50 euros, est-ce que le client sera rentable dessus. C'est-à-dire est-ce que son contenu va lui rapporter 75 ou 100 euros.

Parce que si c'est pour payer un article de 50 euros pour recevoir 5 euros de publicités Google Adsense en 24 mois, alors autant dire que quelqu'un s'est fait baisé en beauté. La même chose pour l'affiliation, combien cela va lui rapporter dans les prochains mois ?

Freelancing pour tout le monde ?

On arrive à la fin de ce livre. Et en le lisant (si quelqu'un l'achète un jour), vous aurez l'impression que je dresse une image très noire de la rédaction web et du Freelancing en général. Ce n'est pas une image négative, mais mon expérience de 11 ans de Freelance, à regarder le web se vider de toute sa substance, à regarder les GAFAMs, imposer leurs lois dans tous les domaines et à rester des esclaves que nous sommes.

Maintenant, si on me proposait un emploi traditionnel, bien payé avec un salaire fixe chaque mois, est-ce que je reviendrais en arrière ? Pour être honnête, je ne sais pas, mais la réponse est non dans 70 % des cas. Être Freelance vous apprends à jongler entre différentes disciplines et l'une des raisons pour laquelle j'aime ce statut est que j'adore ce domaine.

J'adore la technologie et le web. J'adore créer des blogs, les détruire, en recréer de nouveau. Souvent, mon boulot de rédacteur web est juste un travail alimentaire. Il me permet de payer mon loyer, de bouffer correctement pour que j'ai le temps de faire ce que j'ai envie.

Quand j'ai envie d'écrire un article de 7000 mots, qui deviendra un livre, sur les perturbateurs endocriniens, je peux le faire sans me poser de questions.

Quand j'ai envie d'écrire un dossier sur la fermentation, avec le micro-grammage, de la pâte à pizza et que je travaille dessus pendant 4 jours en sachant qu'il ne me rapportera pas un centime, alors je le fais sans me poser de question.

Le Freelancing apporte une certaine liberté, mais vous n'aurez jamais la prospérité. Quelqu'un qui dit qu'il est devenu un riche en étant rédacteur web est un menteur et un escroc.

Mais là où le bât blesse est que le Freelancing semble être le futur que le capitalisme envisage pour tous les travailleurs. Nous, les habitants des pays pauvres, avons été les cobayes de ce Freelancing. Cela a été déguisé par les nouveaux métiers du web et on a créé tout une structure autour de ça, Upwork n'en est que l'une des principales incarnations.

Dans un rapport publié par Payoneer en 2017 sur l'état du Freelancing, il a indiqué que le salaire moyen, toutes catégories confondues était de 21 dollars par heure. Cela peut sembler élevé, mais gardez à l'esprit que le rédacteur et l'ingénieur en informatique gagnent ces 21 dollars par heure.

J'avais relayé les conclusions et les principaux aspects de ce rapport dans un de mes articles, disponible sur Houssenia Writing.

Selon les données provenant de 21 000 Freelances, le salaire d'un rédacteur web en 2017 était d'environ 15 dollars de l'heure. Le salaire pour un traducteur était d'environ 16 dollars de l'heure, mais si le rédacteur web s'occupe également de la recherche, le tarif d'un rédacteur web par heure peut monter jusqu'à 20 dollars.

Toutefois, la moyenne de salaire pour un rédacteur web reste dans la tranche de 10 à 20 dollars de l'heure.

Mais encore une fois, cela reste une moyenne, quelques salaires élevés vont baisser la moyenne générale. Même si les métiers du droit s'en sortent plutôt pas mal en termes de rémunération.

Sans surprise, le secteur juridique possède les salaires les plus élevés parmi les Freelancers en 2017. Ainsi, les Freelances en droit fiscal peuvent gagner un salaire de 30 dollars de l'heure suivi du Consulting avec 29 dollars de l'heure. Toutefois, cette tendance peut changer avec les algorithmes qui remplacent de plus en plus les juristes dans de nombreuses firmes.

J'ai déjà parlé de la moindre importance de votre éducation, car vous devez tout miser sur votre expertise. Donc, est-ce qu'un diplôme quelconque vous donne un meilleur salaire dans le Freelancing et j'écrivais dans cet article.

On a tendance à penser qu'un meilleur diplôme est corrélé avec un meilleur salaire. Et dans le monde des Freelancers, c'est vrai dans une certaine mesure. Par exemple, des travailleurs indépendants avec un baccalauréat ne gagnent pas plus qu'un travailleur indépendant sans aucun diplôme.

Toutefois, les Freelancers avec un doctorat ou une maîtrise gagnent plus. Ainsi, un Freelance sans diplôme gagne une moyenne de 18 dollars, un travailleur indépendant avec diplôme gagne 19 dollars et un titulaire de doctorat et de maîtrise gagne 21 dollars.

Relisez les dernières lignes que j'écrivais à l'époque. Si vous êtes sans diplôme, alors vous aurez une moyenne de 18 dollars (je n'ai jamais vu de tels prix, mais pourquoi pas), si vous avez un diplôme, alors vous aurez 19 dollars et si vous avez une maîtrise ou un doctorat, ce sera 21 dollars.

Vous voyez clairement ce qui cloche ? Dans le monde du Freelancing, la différence d'expertise entre quelqu'un comme moi, sans diplôme et un docteur est de 3 dollars !

Et la plupart des Freelances sont mécontents de leurs salaires, car près de 20 % estiment que cela n'a pas suffisant. Parce que j'avais pointé juste, concernant la satisfaction du Freelance selon sa catégorie.

On pourrait penser que les plus gros salaires sont corrélés avec un niveau de satisfaction conséquent. Mais ce n'est pas toujours le cas. Ainsi, les Freelancers en développement et en technologie sont les plus satisfaits de leurs salaires (5,42) tandis que ceux en ingénierie et fabrication sont les moins satisfaits avec une note de 4,63.

Les travailleurs indépendants dans le juridique affichent une satisfaction moyenne (5,09) alors qu'ils sont parmi les mieux payés. Les rédacteurs web et les traducteurs sont également très insatisfaits avec une note 4,68 et c'est compréhensible puisque ce sont les moins payés.

Pour le juridique et l'ingénierie, cela peut se comprendre, car les personnes dans ce domaine ont dû faire des études longues et pénibles et ils ne s'attendaient pas à devoir être des Freelances, car leurs diplômes les destinaient à des carrières plus stables.

Cela montre une tendance de fond sur le secteur du travail où dans un futur proche, le concept de travail stable va disparaître et il n'y aura plus que des Freelances.

Les extraits de cet article datent de 2017 et pourtant, non seulement, ils n'ont pas pris une ride, mais cela se confirme à chaque année qui passe. Car il y une grosse arnaque sur le concept du Freelance. Car tout le monde pense que cela concerne uniquement des prolos comme vous et moi (si vous êtes prolo, sinon eh bien, vous allez rapidement rejoindre notre club). C'est-à-dire des mecs sans diplômes.

Et non, car un Freelance peut avoir un doctorat en droit ou un diplôme d'ingénieur en informatique. C'est le statut même du travail qui été éclaté. Nous, les pays pauvres, avons été les ballons d'essai pendant une décennie et maintenant, la vague de la mobilité et de la souplesse commence à remonter vers le nord.

C'est normal que des avocats et des ingénieux soient furieux, car ils ne s'attendaient pas à postuler comme des crevards sur Upwork, alors qu'ils en ont chié pendant près de 10 ans avec des études qui coûtent la peau des fesses.

Pourtant, c'est le futur qui s'annonce pour beaucoup de métiers. La crise du COVID-19 va être le prétexte idéal pour généraliser le télé-travail et ce dernier n'est qu'un Freelance déguisé. Petit à petit, on va vous couper de tous vos droits et cotisations.

Ensuite, on vous forcera à accepter n'importe quelle tâche et finalement, vous ne vous rendrez même pas compte que vous serez devenu un Freelance. Un Freelance, c'est 30 petits boulots par mois. Et dans ce rapport de Payoneer, on apprend que 83 % des Freelances font 3 boulots au minimum pour s'en sortir correctement.

Freelancing et ubérisation vont de pair. Car dans de nombreux conseils aux Freelances, on leur dit que s'ils ne trouvent pas de boulots, ils peuvent louer leur maison chez Airbnb sinon ils peuvent aussi devenir chauffeur avec Uber et ainsi de suite. Ce néolibéralisme forcené et sauvage pousse l'éclatement des individus au niveau moléculaire.

Dans les 50 dernières années, le travail a été éclaté passant d'un niveau collectif, avec les syndicats vers l'employé qui se retrouve face à l'employeur et le patronat tout puissant. La fusion d'Upwork nous montre que tout est bon pour niveler vers le bas.

Le futur du capitalisme sera que les travailleurs de tous les soient payés au même titre que le Freelance roumain, indonésien ou l'auteur de ce merveilleux livre. La généralisation du salaire précaire est en marche et tout tentative de le combattre sera réprimé dans le sang.

Un exemple de ce monde à venir est que malgré le fait que le Freelancing se généralise dans tous les moyens, tout tentative pour les unifier est cassé dans l'œuf.

Moi, je prédis qu'Upwork sera fractionné en plusieurs morceaux dans les 5 ou 10 prochaines années. C'est pour empêcher que si des millions de Freelances se font arnaquer, ils décident de s'unifier et de contre-attaquer collectivement.

C'est pourquoi, les plateformes de rédaction web poussent un peu partout sur le web. Chacun prétend proposer la meilleure plateforme, mais en fait, l'objectif caché est d'isoler les Freelances au niveau mondial.

En 2018, il y a une véritable mutinerie chez Upwork. Car sur cette plateforme, vous pouvez vous inscrire comme un particulier ou comme une agence. Cela vous permet de travailler ensemble au sein d'une même entité et donc, de gérer de gros projets.

Upwork a commencé à faire payer les agences avec des abonnements mensuels. Comme la majorité des agences sont dans les pays pauvres, elles ont refusé de payer et se sont syndiqués. Quand le mot syndicat est apparu, on a vu des trolls, payés par Upwork, leur pourrir la vie sur leurs réseaux sociaux respectifs et la plupart des têtes de rebelle ont été expulsé de la plateforme sous des prétextes fallacieux.

À chaque fois que les Freelances tentent de s'unifier, cela finit en pugilat. Mais si on ne veut pas rester dans la précarité, il faudra s'unir d'une façon ou d'une autre. Des plateformes comme Upwork sont vraiment hors d'atteinte. Imaginons qu'on se fasse vraiment arnaquer un de ces jours, on ne pourrait rien faire.

Comme c'est une entreprise américaine, il faudrait aller aux États-Unis pour porter plainte et personne n'a l'argent pour ça. On gagne quand même 200 dollars par mois dans le meilleur des cas.

Upwork fait partie des GAFAMs, même s'il n'a pas de carte de membre officiel, mais il est bien plus dangereux s'il continue de grossir à cette vitesse. Le fractionnement à venir d'Upwork, sous une forme ou une autre, permettra de diluer de nouveau les Freelances dans leurs coins isolés.

Le travail du rédacteur et de tous les métiers du Freelance est ce qu'on appelle la Gig Economy. Les tenants utilisent l'anglais pour la parer d'une espèce de modernité, mais littéralement, c'est l'économie des pourboires et des petits boulots.

Une étude de l'université d'Oxford et de l'université de Pretoria en 2017 a fait un état des lieux en analysant cette Gig Economy, basée sur 450 Freelances, pendant 3 ans. Et le résultat n'est pas fameux.

La majorité des revenus sont cannibalisés par les pays riches et les pays pauvres ne ramassent que des miettes. De plus, les maladies mentales, le stress et des handicaps sérieux sont le lot quotidien de la majorité des Freelancers.

Les auteurs de l'étude proposent plusieurs mesures pour réduire ces inégalités, mais il y en a une qui m'a parue la plus intéressante. C'est l'exportation et l'interopérabilité des données d'un Freelance.

Pour vous illustrer le concept. Je suis sur Upwork depuis 7 ans maintenant, je totalise 30 000 dollars de revenus et les retours de mes clients sont 100 % positifs. On peut dire que j'ai atteint le sommet. Mais si je m'inscris sur une autre plateforme, alors je dois tout recommencer à partir de zéro.

C'est terrible, car à chaque fois, on me considère comme un putain de débutant et je dois passer un temps fou à expliquer mon expertise. Les données chez les plateformes de Freelancing nous appartiennent de plein droit. Et avec la RGPD (même si c'est une merde à l'état actuel), on doit pouvoir utiliser ces données comme bon nous semble.

Ce serait gagnant pour tout le monde. D'une part, le Freelance peut proposer son historique sur toutes les plateformes et les clients peuvent savoir du premier coup d'œil qu'ils n'ont pas affaire à un escroc qui leur promet monts et merveilles.

Pour le rédacteur, cela permet d'éviter une perte colossale de temps dans la prospection de clients si son expertise s'est construite au fil des années. Mais évidemment, personne ne veut implanter ces mesures, ces données sont trop précieuses pour nous verrouiller sur les plateformes et à nous faire rouler le rocher de Sisyphe encore et encore.

À chaque fois, on doit recommencer à ras du sol, pour que bien évidemment, on puisse nous imposer des conditions toujours plus esclavagistes.

L'éternel recommencement du Freelance

J'arrive à la fin de ce livre et quand je regarde en arrière, depuis ce jour où je suis allé dans cette bicoque qui abritait Rédaction.tv, j'ai l'impression que je n'ai pas avancé. Mais c'est faux. Je pense que j'ai appris plus de choses sur le web, la rédaction web et le Freelancing que n'importe qui. De nombreux Freelances, aussi doués que moi, ont réussi à quitter le secteur.

Ils ont trouvé un boulot à temps plein dans de grosses boites, car ils ont la chance d'habiter dans un pays riche. Mais avec le manque d'acquis propre au secteur du Freelancing, je suis toujours à ras de sol quand il y a une couille qui arrive.

De 2015 à 2019, je me plais à me dire que j'ai réussi à trouver une certaine stabilité, car j'avais trouvé un client qui me faisait confiance et qui avait un volume suffisant de textes pour me faire vivre correctement de mon travail.

Je vivais avec ma mère depuis des années et j'essayais de subvenir à la plupart des besoins. Le loyer, la bouffe, parfois des bonus en plus. Elle m'aidait aussi financièrement quand je ne trouvais pas de boulot. On n'était pas riche, ni pauvre, on tentait de s'en sortir.

Le 16 septembre 2019, ma mère est morte à l'hôpital, elle avait 74 ans. On va dire que personne ne vit éternellement, surtout à son âge, mais la manière dont elle est morte et surtout de ma propre impuissance, doit vous faire prendre conscience de ce qu'est réellement le Freelancing. Elle a commencé à mal respirer, on a pensé que c'était juste de la fatigue.

Mais ça ne partait pas, elle avait dû mal à marcher. Le cœur était clairement atteint. On l'a hospitalisé et comme on est moyennement pauvre, on a dû la mettre dans un hôpital public. Si tu ne connais pas l'hôpital public dans un pays pauvre, je te fais le topo.

Tu paies pour tout, le moindre examen, le moindre médicament, tu le paies cash et tu le paies plus cher. Le mec qui vient balayer la chambre le matin, tu le paies, chaque injection, tu le paies.

Et les médecins sont de véritables rapaces, car ils ont pensé que nous roulions sur l'or. Avec mon salaire qui oscille entre 150 et 200 dollars par moi, j'ai un niveau qui me classe légèrement au-dessus de la moyenne des salaires de bas étage.

Mais c'est lorsque tu es à l'hôpital que tu te rends que cela ne vaut plus rien. Une radio, 50 dollars, un scanner du thorax, 70 dollars, les médicaments, c'était 100 dollars par jour. J'ai vendu des meubles, je ne me suis pas nourri pendant plusieurs jours, en espérant que cela suffirait.

Cela n'a pas suffit. J'ai même essayé de la mettre, avec mon frère, dans une clinique privée.

Car à Madagascar, tu as des cliniques flambant neuves, les meilleures médecins et le meilleur matos, mais cela coûte une telle blinde que tu dois aller avec une brouette remplie de billets pour la consultation. J'ai eu la standardiste de la clinique au téléphone.

Je lui explique le problème : « Oui, on a une ambulance, c'est 50 euros pour l'aller/retour » et ensuite, elle me demande si elle a besoin d'oxygène. Depuis son entrée à l'hôpital, ma mère était sous oxygène et même que le truc ne marchait qu'une fois sur deux.

Et elle me dit que s'il faut de l'oxygène, alors il faut un supplément en plus des 50 euros de transport. Moi, je pensais à un forfait ou un truc en plus et je lui demande combien en plus et je n'oublierais jamais la réponse : « C'est en fonction de ce qu'elle consomme en oxygène ! ».

J'ai raccroché dans la seconde sans un mot. Ce n'est pas de la médecine, ce n'est pas du capitalisme, ça, c'est de la comptabilité. Quand vous en êtes à facturer chaque bouffée d'oxygène d'une mourante qui est pauvre, alors vous méritez la damnation éternelle.

Avec mes blogs, je suis aussi vulgarisateur scientifique depuis 15, un site d'actualité où j'ai essayé de défendre la science et la médecine. J'ai abandonné la publication d'articles le lendemain de la mort de ma mère, car on nous montre une science et médecine étincelantes.

Des couloirs rutilants et des infirmières souriantes et aimables. Ma mère, qui était la bonté incarnée, a été traité comme un morceau de viande et c'est de la charcuterie à la tronçonneuse. Jamais, je n'oublierais et ne pardonnerais à cette médecine de merde.

Mais en même temps, c'est comme ça quand on vit dans un monde néolibéral. Mais surtout qu'en temps de Freelance, on n'a pas de cotisations de santé, pas d'assurance-maladie, rien de rien.

Quand t'as ton salaire à la fin du mois, c'est tout ce que tu as et rien d'autre. Tu paies le loyer, ta santé, tes vêtements, ta bouffe, tout avec et si ce n'est pas suffisant, alors serre-toi la ceinture, mon mignon et salue bien bas les joies du Freelancing.

Si on continue à promouvoir le Freelancing sans aucune pensée étatique derrière, un jour, vous vivrez ce que j'ai vécu. Car bien sûr, un statut de Freelance vous permet de survivre tant qu'il n'y a pas un emmerdement maximum qui arrive.

Mais cet emmerdement maximum arrivera tôt ou tard, si ce n'est pas la santé avec un grand S, alors ce sera autre chose. Et là, vous réfléchirez et vous direz : « Je n'ai pas compté mes heures de travail, j'ai travaillé sans relâche et j'ai bien tout fait comme il faut, mais ce n'est même suffisant pour payer l'hôpital à celle qui vous a mis au monde.

C'est mon quatrième livre et j'essaie toujours de rendre hommage à ma mère dans chacun d'entre eux. Je n'ai pas pu la sauver, je n'ai pas pu payer ses soins, mais je sais écrire et j'espère que je lui donne une part d'immortalité en l'intégrant dans mes histoires.

Depuis 2009, je n'ai pas pris un seul jour de vacances, même si le reste de ma famille me tanne pour que j'en prenne. J'ai travaillé les 25 décembre comme le 1er janvier. Les vacances d'été, ça n'existe que dans les Contes et Légendes que je lisais au CCAC pendant mon enfance.

C'est le monde qui vient et il a détruit les pays pauvres. Ce sera le tour des pays riches. Je n'ai pas non plus parlé de la survie conceptuelle du rédacteur web et du Freelancing avec l'automatisation et l'arrivée des algorithmes.

De toutes façons un jour, tous les métiers seront remplacés. Toutefois, le fait que des rédacteurs web soient remplacés par des robots est une peur primale qu'on vous balance à la figure, juste pour vous faire accepter les pires conditions de travail.

Sans doute que cela arrivera et on verra à ce moment. Ces algorithmes coûtent très cher et je ne crois pas qu'un mec va dépenser des milliers de dollars pour générer des fiches de produit alors qu'il peut recruter un rédacteur sous-payé pour le même travail et en mieux.

Et au risque de me répéter, ce n'est pas un ouvrage qui pète la gueule au Freelancing. Ce que j'ai essayé de vous raconter est de ne pas croire tous les articles qui vous vantent, la beauté et la réussite idyllique du Freelancing, que ce soit la rédaction web ou autre.

Non, on n'est pas de belles femmes, souriantes dans un tailleur nickel qui respirent la joie de vivre dans son Laptop à 3000 dollars. Il y a des avantages au Freelancing, mais sur mes 40 ans, j'estime que le métier de rédacteur web mérite mieux que d'être traité de Freelance.